검은 땅, 구스의 노래

버려진 땅, 버려진 사람들
남수단 난민선교 이야기

신요셉 지음

쿰란출판사

추천사

저는 이 책을 참 열심히, 재미있게 읽었습니다.

저자 신요셉 선교사님은 제게 특별한 졸업생이시고, 그의 사역에는 그리스도의 사랑이 녹아 있다는 것을 잘 알기 때문이었습니다. 그런데 그 이유만은 아니었습니다.

이 책을 읽으며 남수단이라는 나라를 더 잘 알게 되었고, 그 나라 사람들의 삶이 왜 이리 피폐해졌는지, 또 오지에 복음을 전한다는 사명 외에 다른 인연 없이 그곳에 간 한국의 선교사가 어떻게 그들을 내 가족처럼 품고 사랑하게 되었는지를 잘 볼 수 있었기 때문입니다. 참 슬프고 너무 재미있는 책이라고 생각했습니다. 그게 선교일 것입니다!

횃불트리니티 신학대학원대학교는 설립 때부터 선교적 신학교육에 힘썼기에 늦은 나이에도 신학공부를 하여 선교사가 되겠다고 찾아오는 분들이 꽤 있습니다. 졸업 이후에 그들이 다 선교지로 가지는 않습니다. 그런데 나이를 상관하지 않고 선교지로 뛰어드는 분들이 있는데, 신요셉 선교사님이 그중 한 분입니다. 남수단으로 선교를 가시겠다고 했을 때 차마 입 밖으로 꺼내지는 못했지만, "남수단, 정말 가시게요?"라고 묻고 싶었던 기억이 생생합니다. 책을 읽다 보니 저만 그랬던 건 아니었나 봅니다.

 2015년 이 나라의 내전을 겪으면서 신 선교사님은 '방문자 선교사'에서 '수단 사람이 된 선교사'가 된 것으로 보입니다. 2016년 잠시 한국에 방문하셨을 때 학교 채플에 초청하여 그의 선교보고를 들었습니다. 머리 위로 날아다니는 총알에도 선교현장을 지키고, 전 세계 기라성 같은 구호단체들도 떠나가던 난민촌에 들어가 자신에게 맡겨 주신 남수단 사람들을 돕겠다는 그의 각오는 감동 그 자체였습니다. 그날의 선교보고가 얼마나 많은 사람들에게 감동을 주었는지는 이 책이 증거입니다. 또한 수많은 간증을 낳았던 '남수단 엔젤프로젝트' 팀의 자세한 활동 보고도 담겨 있어 얼마나 가슴이 뜨거웠는지 모릅니다. 그는 자신이 '덤'과 같이, 상품이 되기에는 질이 떨어지고 보기에도 부족한데 선교사가 되었다고 '용게자(덤, 스와힐리어) 선교사'라고 합니다.

 사실 젊은 나이에 모든 것을 잘 준비하고 선교지에 가서 효과적으로 일하며 평생을 보내는 선교사도 있으니 그는 용게자일지도 모릅니다. 그래서인지 그의 사역에서는 하나님의 은혜가 더욱 드러납니다. 사실 세상의 모든 경험과 겸손한 마음은 선교지가 가장 필요로 하는 것일 수 있습니다. 너무 뜨거운 마음보다 함께하는 마음이, 너무 고귀한 지식보다 실용적인 지식이, 앞뒤를 가리지 않아 무모해 보이는 용기와 추진력이 필요한 곳이 선교지가 아닐까요? 그리스도를 보내셔서 우리를 구원하시는 하나님의 방법은 사실 우리로선 도저히 흉내내기 어려운 무모함이 있지 않습니까? 우리를 지극히 사랑하시는 뜨거운 하나님의 사랑과 열정으로만 설명되는 아름다운 구원의 이야기입니다. 이 책이 그걸 보여줍니다.

아무쪼록 여러분도 신 선교사님의 뜨거운 사랑의 이야기를 통해 하나님의 사랑을 다시 확인하는 시간이 되시기 바랍니다.

2022년 3월
횃불트리니티 신학대학원대학교 전 총장
이정숙

추천사

    선교지의 상황은 어느 곳 하나 같은 조건과 여건을 가진 곳이 없을 것이다. 그런 가운데 현대선교에 있어서 난민선교는 빼놓을 수 없는 현상이다.

    더구나 위험하고 열악한 상황 가운데 선교 현장을 개척한다는 것은 함께하지 못하는 사람의 입장에선 상상도 할 수 없을 것이다.

    이런 곳에서 선교 현장을 개척하고 경험한 생생한 이야기가 만들어졌다. 이것은 단지 한 사람의 이야기를 넘어서 하나님의 선교 이야기라고 표현하는 것이 옳을 것이다. 많은 사람들에게 이 난민선교 현장의 경험이 널리 알려지고 동역자들을 만나는 계기가 되기를 소망한다.

2022년 3월
아세아연합신학대학교 전 총장
정흥호

《검은 땅, 구스의 노래》는 아프리카 중에서도 가장 열악한 환경, 특별히 내전으로 삶과 죽음의 경계를 오가는 남수단과 우간다 북부 땅에서, 생사의 고비를 여러 번 넘기며 그리스도의 복음을 위해 신요셉 선교사님 부부가 펼친 난민 선교사역의 드라마틱하고 생생한 이야기를 기록하고 있다.

신요셉 선교사 부부는 남수단의 케레피, 그리고 우간다 북부에 위치한 남수단 난민수용소인 아주마니, 아고조, 모요, 뉴마지, 바게리냐를 중심으로 버림받은 난민을 섬기기 위해 스스로 난민촌으로 들어가 난민이 되어, 우는 자와 함께 울고 그들과 함께함으로 그들을 섬긴 삶의 이야기를 생생하게 전하고 있어 읽는 이에게 깊은 감동을 주고 있다.

이 책은 특별히 하나님께서 부르신 소명을 따라 선교사역을 할 때, 미지의 땅에서 전능하신 하나님이 어떻게 역사하셨는지 잘 보여 준다. 아무런 희망이 보이지 않는 난민촌에서 하나님의 선한 도우심과 눈물로 씨를 뿌리며 복음을 심은 결과 한국과 미국의 성도들을 감동시켰고, 전쟁고아들을 위한 고아원, 유치원, 신학교인 ACTS Bible College, 그리고 여러 부족을 위한 교회들이 세워졌다. 난민들에게 예수 그리스도의 복음으로 소망과 생명을 전하는 선교사님의 사도행전적 선교는 이 책을 읽는 이들에게 큰 울림과 도전을 줄 것이라고 확신한다.

이 땅의 그리스도인들, 그리고 열방을 향한 거룩한 꿈을 꾸는 믿음의 청년들과 장년들뿐만 아니라 특별히 남수단 선교를 꿈꾸는 이들이 꼭 읽어야 할 책이다.

2022년 3월
한국성서대학교 교수
박태수

추천사

2020년도 초 코로나가 막 기승을 부리기 시작할 즈음에, 우간다 내의 남수단 난민촌을 방문할 기회가 있었습니다. 감사하게도 난민촌 교회건축을 동일로교회가 감당할 수 있게 해 주셔서 헌당 예배 차 방문했는데, 그때 선교사님과 여러 오지 난민촌을 다니면서 느낀 감정은 '아~, 이분은 하나님의 사람이구나'라는 감동이었습니다.

선교사님이 감당하고 계신 교회와 신학교 사역과 고아원 사역 등을 돌아보면서, 전쟁 중에 부모를 잃고 배고프고 배움의 기회를 놓치고, 아무 소망 없이 살아가는 난민 아이들의 눈물을 닦아 주고 먹이고 입히고 교육하는 모습은 아무나 할 수 없는, 특별한 소명자가 아니면 할 수 없는 사역이라는 생각이 들었습니다.

늦은 나이에 하나님의 부르심을 받고 오지를 다니며 선교하시는 모습은 우리 모두를 영적으로 각성하게 합니다. 하나님께서는 아프리카의 눈물을 보시고 신 선교사님을 남수단에 들어가게 하셨습니다. 전쟁의 위협 가운데 다 철수할 수밖에 없는 상황에서도 난민들을 그냥 두고 올 수가 없어, 난민촌에 들어가서 부부가 함께 헌신하시는 모습을 현장에서 직접 보면서, 저는 제 자신이 부끄럽게 생각되었습니다

그동안 선교사님이 사선을 넘어 전쟁으로 모든 것을 잃어버린 남수단의 난민들과 함께 난민촌에서 경험한 생생한 간증을 이 책을 통해 접할 수 있어서 너무나 감사했습니다.

이 책을 읽는 분마다 성령께서 눈을 열어 주심으로 우리 함께 전후방에서 영적 전투의 병사가 되어 멋지게 쓰임 받기를 바라면서, 현재 진행 중인 고등학교 건축과 교육사역에 주님의 선한 손길의 도우심이 함께하기를 기도하는 마음으로 이 책을 적극적으로 추천합니다.

2022년 3월
서울 동일로교회 목사
김오용

신요셉 선교사님은 성경 속 구스의 후손들인 남수단의 영혼들에게 예수 그리스도의 복음을 전하는 데 온 삶을 불태우고 있습니다. 한국 같았으면 벌써 은퇴하여 남은 생을 편안히 지내실 수 있는 연세에, 아프리카 대륙에 있는 진짜 아프리카라고 불리는 오지로 들어가신 것입니다. 이는 남수단 영혼들을 섬기고 구원하라는 하나님의 부르심을 받았기 때문입니다.

처음 몇 년 동안은 남수단에서 사역하셨습니다. 그러다가 제2차 남수단 내전으로 인하여 그간 이루어 놓은 터전을 뒤로한 채 우간다 국경을 넘어야 했습니다. 선교와 삶의 터전이 순식간에 총알이 빗발치고 피비린내 나는 전장이 되었기 때문입니다.

이후 신 선교사님은 우간다 북쪽에 우후죽순으로 세워진 난민촌에서 옥수수죽으로 근근이 연명하는 남수단인들을 위해 교회, 보육원, 학교, 유치원, 신학교 등을 세우고 복음을 전하고 있습니다. 저는 이 모든 일이 그리 길지 않은 시간에 이루어진 것을 목격하고서

깊이 감동했습니다. 하나님께서는 이 마지막 때에 당신의 뜻을 이루시려고 한국교회의 기도와 후원을 도구로 사용하셔서 이 일들이 가능하게 하신 것입니다.

저는 신학생들에게 한 과목을 강의하면서 시간이 날 때마다 여러 난민촌 교회와 선교현장을 방문해 보았습니다. 전쟁난민들이 살아가는 터전은 그야말로 불모지와 같았습니다. 경제와 문화가 발전한 나라에 사는 사람들은 제가 쉽게 설명해 주어도 잘 이해하기 어려운 환경이었습니다. 6·25를 겪은 세대가 흘린 피와 눈물이 이런 것이었을 듯합니다.

그래서 저는 장차 아프리카 선교, 특히 남수단 선교를 꿈꾸는 다국적 사역자들에게 좋은 자료가 될 책이 신 선교사님을 통해 쓰이기를 기도했습니다. 그리고 결국 하나님께서 절망에 빠진 남수단 영혼들을 위해 어떻게 역사하시는지를 말하는 책이 이렇게 세상에 나오게 되었습니다.

이 책은 읽기 쉽고, 흥미진진합니다. 선교지 이야기가 곧 우리 인생 이야기와 같기 때문일 것입니다. 독자들은 이 책을 통해 다시 한번 뜨거운 사명감을 느끼게 될 것입니다. 그뿐만 아니라 성경 속 구스의 후손들을 향한 하나님의 구원의 현장을 보게 될 것입니다.

2022년 3월
메시아전도협회 대표
임은묵

추천사

　2016년 8월 16일, 강북구 중계동 한 식당에서 지친 모습의 신요셉 선교사님과 저녁 식사 자리를 함께하였다. 참으로 믿기지 않는 남수단에서의 아슬아슬한 탈출 경위를 들으며 타임머신을 타고 6·25 전쟁 때로 돌아간 것은 아닌가 하는 착각이 들었다. 하나님께서 선교사님을 보호해 주시고 인도하고 계심을, 그리고 척박한 검은 땅 구스를 향한 하나님의 사랑을 깊이 느낄 수 있었다.

　그 땅에 다시 돌아갈 수 있을까? 절망하며 낙담하는 선교사님께 그 밤에 하나님께서는 지혜와 용기를 주셨다. 남수단에 직접 들어가 선교하는 길은 막혔지만, 우간다로 피난한 남수단 난민들에게 하나님 나라 복음을 선포하여 그들이 화해와 용서를 배우고, 잘 훈련받아 차후 남수단 복음의 용사가 된다면 위기가 기회가 될 수도 있다는 생각을 나누며 선교사님을 격려할 수 있었다.

　이듬해 7월, 우간다 아주마니의 선교사님 사역현장을 방문할 기회를 가졌다. 캄팔라에서 9시간 정도 걸리는 곳에 위치한 난민촌에는 많은 국제기구들이 활동하고 있었지만, 그동안 이렇게 많은 사역을 어떻게 선교사님 부부가 독립군처럼 단독으로 감당하여 오셨는지 그저 놀라울 뿐이었다. 불과 1년여 만에 교육지원사역, 목회자 양성을 위한 신학교 사역, 아고조의 고아원사역, 종족 단위로 흩어져 있는 각 난민촌에 교회를 세우는 등 모든 사역의 현장을 둘러보며 하나님의 위대하심, 그리고 선교사님 부부의 헌신과 노고를 볼 수 있었다.

제16회 대한민국 해외봉사상 수상을 축하드린다.
낭중지추와 같이 선교사님의 헌신을 일반 사회, 국제개발협력 부문에서 먼저 인정받은 것이 응원과 격려가 되기를 바라며, 이번에 그간의 선교여정을 담담하게 기록, 정리하여 귀한 책으로 발간하게 되어 기쁘다. 난민촌 선교를 위해 먼저 난민이 되신 선교사님을 통해 작은 예수를 만나게 될 것이며, 읽으시는 내내 선교사님의 열정이 여러분의 심장을 두드릴 것이다.

2022년 3월
열매나눔재단 사무총장
김추인

추천사

  신요셉 선교사님은 사회생활을 다 마치고 50이 훨씬 넘은 나이에 신학을 공부하셨습니다. 이후 아프리카 남수단 오지로 건너가서 두 부부가 지난 10여 년간 많은 젊은이들과 아이들을 위해 헌신해 오셨습니다. 마치 구약성경의 느헤미야와 같이 한 손에는 쟁기를 한 손에는 성경말씀을 들고 열정적으로 사역해 오셨습니다.

  이 책은 선교사님이 지난 10여 년간 남수단인들을 위해 뜨겁게 헌신해오신 선교사역의 간증들이 담겨져 있습니다.

  이번에 귀한 책을 발간하게 됨을 축하드리며, 아무쪼록 앞으로 더 많은 아프리카의 영혼들이 주님께로 돌아오길 기도합니다.

2022년 3월
유환아이텍㈜ 대표이사
유창수

서문

　이 책은 중동부 아프리카 내륙 깊이 숨어 있던 신생독립국 검은 땅 남수단에서 선교하면서 경험한 지난 10년간의 이야기들을 담고 있다. 두 차례의 내전으로 고향을 등지고 먼 이방 땅에서 나그네가 된 버려진 사람들, 남수단 난민들의 이야기가 담겨 있다. 사실 남수단 선교지의 이야기들을 글로 기록한다는 것이 쉬운 일은 아니다. 하지만 누군가 그 땅을 품고 기도하는 분들이 있다면 조금이라도 도움이 되었으면 하는 마음에서 펜을 들었다. 나는 남들이 일선에서 은퇴할 시점인 늦은 나이에 순수한 선교적 열정 하나로 남수단 선교에 도전하였다. 남수단 선교는 편안하게 노후를 보내려던 내 계획과 믿음, 그리고 삶의 목표와 방향을 거의 송두리째 바꾸어 놓는 계기가 되었다.
　나의 남수단 선교행전은 그러니까 2011년 이 나라가 독립하기 이전인 2010년부터 이미 시작이 되었다. 몇 분들과 남수단선교의 비전을 나누던 중 어떤 분이 내게 던진 질문을 아직도 잊을 수가 없다.
　"하이구, 돈도, 조직도 없이 어떻게 이런 선교를 할 수 있습니까?"
　"남수단? 도대체 어디 있는 나라죠?"
　하지만 성령님의 부르심과 주님을 향한 사랑, 그 땅을 향한 마음을 주체할 수가 없어서 나는 모든 것을 내려놓고 그 땅으로 나아갔다.
　"주님, 제가 가겠습니다. 저를 보내주시옵소서."

하지만 당초 예상했던 것보다 그 땅은 훨씬 더 넓고 또 상상할 수 없을 정도로 황폐하고 메말라 있었다. 그곳 사람들은 오랜 전쟁의 상처가 미처 아물지도 않은 채 생존을 위해 정말 치열하게 싸우고 있었다. 언어와 풍습, 외모가 다른 60여 부족들이 뒤엉켜 살아가는 구스의 부족 공동체는 깊은 땅속에서 얽히고설킨 나무 뿌리와 같아서, 도대체 문제들을 어떻게 풀어야 할지 감을 잡을 수가 없었다. 이들에게는 매일매일의 삶 자체가 전쟁이었다. 그러는 사이 그들 모두는 지쳐 있었다. 희망이 보이지 않는 그들에게 내일이라는 단어는 존재하지 않았다. 삶과 죽음이 늘 가까이에 있었기 때문이다. 지난 10여 년간 내가 남수단 사람들에게 전한 복음 메시지는 오직 하나였다.

"오라 우리가 여호와께로 돌아가자"(호 6:1).

화해와 용서는 기독교 신앙에 있어서 매우 중요한 부분이다. 성경은 세상 사람들이 각각 가슴에 품고 있는 이웃을 향한 미움과 원한, 분노와 증오를 버리라고 하신다. 그리고 우리 크리스천들은 이에 좀 더 적극적으로 행동할 것을 요구하신다. 하지만 아무리 신앙심이 깊은 사람이라도 원수를 전적으로 용서하고 사랑한다는 것은 매우 힘들다. 특히 상대방에게서 물질적, 정신적, 육체적 피해를 입었을 경우 그것을 용서하고 없는 것같이 한다는 것은 매우 힘들고 어렵다. 하지만 이 가르침은 주님이 가르치신 주기도문에 이미 잘 나와 있다.

"우리가 우리에게 잘못한 사람을 용서하여 준 것같이 우리 죄를 용서하여 주시고…."

그런데 오랜 기간 종교, 사회, 정치, 경제와 문화 등 모든 면에서 이슬람 율법과 전통이 몸에 밴 다부족 국가, 이슬람의 박해를 받아온 남수단 사람들에게 이 화해와 용서라는 단어는 처음부터 보이지 않았다. 남에게 받은 만큼 반드시 되갚아야 직성이 풀리는 사회적 룰 속에서 전쟁과 싸움이 그치지 않는 건 어쩌면 당연한지도 모른다.

누구보다 이들에겐 진정으로 화해와 용서의 복음이 필요하였다. 이 화해의 복음이 아니고선 여러 종족 간의 갈등을 해소할 수가 없고, 무너진 교회들을 다시 세울 수가 없기 때문이다. 남수단 사람들은 지금도 종족간 분쟁과 갈등 속에 서로 싸우고 있으며, 그 속에서 상처받고 버려지고 소외된 수많은 영혼들의 눈물과 아픔이 있다. 이 책은 그 땅을 사랑한 한 선교사의 아주 절박한 호소와 조용한 외침이다.

하지만 이 책이 남수단의 선교상황 전부를 기록한 책은 아니다. 그 땅은 워낙 크고, 거주하는 종족이 너무 다양해서 이들을 다 이해하려면 오랜 시간이 걸리기 때문이다. 지난 10년 동안 내가 이들과 매일 함께 부딪히며 깨달은 한 가지는, 이들이 그리스도의 복음에서 좀 멀리 떨어져 있다는 것이었다(갈 1장). 이들의 복음은 변질되어 있었으며, 교회도 있고 종교생활도 있으나 예수 그리스도가 보이지 않았다. 열심은 있으나 예배가 보이지 않는 답답함이 항상 나를 짓눌렀다.

그럼에도 나는 그 땅의 선교사로 부름을 받았다. 그리고 이제 하나님께 약속한 시간이 다 되어 간다. 그동안 초기부터 함께 우리 남수단 선교공동체를 위해 수고하고 애쓴 우리 선교의 동역자들, 이름도 없이 빛도 없이 헌신한 주의 귀한 종들에게 감사를 드리고, 여러분의 기도가 결코 헛되지 않았음을 보고드리며 또 감사드리고 싶다.

오직 하나님께 영광을!

2022년 3월
아고조 남수단 난민촌에서
신요셉 선교사

추천사 이정숙(횃불트리니티 신학대학원대학교 전 총장) _ 2
정흥호(아세아연합신학대학교 전 총장) _ 5
박태수(한국성서대학교 교수) _ 6
김오용(서울 동일로교회 목사) _ 8
임은묵(메시아전도협회 대표) _ 10
김추인(열매나눔재단 사무총장) _ 13
유창수(유환아이텍㈜ 대표이사) _ 15

서문 _ 16

1부_ 사선을 넘어서

1장 깨어진 평화_ 26
2장 삶과 죽음 사이에 서서_ 30
3장 선교사님은 살아서 돌아가세요_ 34
4장 천사를 보내주신 하나님_ 38
5장 두려움과 공포의 밤을 지나_ 44
6장 황폐한 땅에 홀로 남아_ 49
7장 숲으로 도망간 아이들_ 52

2부_ 케레피…그 충격과 혼돈의 일주일

1장 군대의 약탈이 시작되다_ 58

2장 　무정부 상태의 케레피_ 60

3장 　야학 학생들이 피격을 당하다_ 62

3부_ 남수단 엑소더스가 시작되다

1장 　단기선교팀의 대피_ 66

2장 　우간다인 3차 철수_ 69

3장 　안녕, 데레토…마지막 철수_ 72

4부_ 뉴마지(New Mazi) 난민 임시수용소

1장 　수용소에서 다시 만난 아이들_ 78

2장 　흩어진 난민 그룹_ 84

3장 　다시 데레토에 들어가다_ 86

5부_ 케레피 레인보우 프로젝트

1장 　케레피(Kerepi) 마을 이야기_ 90

2장 　혼돈의 땅에 선교기지를 세우다_ 93

3장 　나는 케레피 마을의 이방인_ 101

4장 　야학(夜學)을 개설하다_ 106

6부_ 남수단…그 문화적 충격

1장 나 이제 집에 돌아갈래_ 112
2장 도난당한 아이들, 끝나지 않은 비극_ 116
3장 아프리카의 관습법 – 소녀 매매혼_ 119
4장 유일한 만남의 장소_ 122
5장 사마리아 여인들_ 124
6장 마디족의 장례문화_ 127
7장 여성, 그 강인한 생명력_ 131
8장 열악한 보건의료시설_ 133
9장 장래 희망이 없는 아이들_ 137
10장 심각한 청소년 문제_ 140
11장 겉도 검고, 속도 검구나_ 144

7부_ 난민 캠프에서 사역을 시작하다

1장 사막에 길을 내시는 여호와_ 148
2장 일을 성취하시는 여호와_ 151
3장 고아원 사역_ 155
4장 교육지원 사역_ 160
5장 신학교 및 교회 개척사역_ 163
6장 난민 구호 및 구제 사역_ 167

8부_ 구스(Cush)-검은 땅 이야기

- 1장   Real Africa, 남수단_ 172
- 2장   수단교회 2000년사_ 176
- 3장   이사야 18장의 예언_ 179
- 4장   남수단 교회 이야기_ 186

9부_ 황무지에도 꽃은 피워야

- 1장   사도행전적 선교를 꿈꾸며_ 196
- 2장   믿음이 없고 패역한 세대여_ 200
- 3장   데레토 – 레인보우 빌리지_ 204
- 4장   눈물로 씨를 뿌리는 자들 - 남수단 엔젤 프로젝트_ 213
- 5장   교통사고를 당하다_ 216
- 6장   보이지 않는 또 다른 전쟁 속에서_ 220

10부_ 구스는 그 손을 속히 들라

- 1장   나는 용게자(Yongeza) 선교사_ 224
- 2장   선교연합을 만들다_ 229
- 3장   하나님의 선교_ 231
- 4장   여러 사람에게 여러 모습으로_ 233
- 5장   구스는 하나님을 향하여 속히 그 손을 들라_ 235

1부

사선을 넘어서

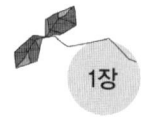

1장

깨어진 평화

2016년 7월 12일 화요일 오후 3시 30분

평화롭던 남수단 케레피 마을에 갑자기 전쟁이 터졌다. 이날은 내가 평생 잊지 못할 날로 기억될 것이다. 전후세대라 6·25 한국전쟁도 경험하지 못했는데, 아프리카의 선교지에서 이런 전쟁을 경험하였으니 내게 너무 큰 충격과 두려움으로 다가왔다. 사실상 남수단은 내정 불안으로 항상 조마조마했는데, 지난 2013년에 이어 또다시 전국적인 내전으로 확대된 것이다. 그런데 이번 내전은 참으로 놀랍게도 바로 우리 동네, 우리 집 앞에서 터졌다. 나는 그 전쟁의 현장을 직접 경험하고 목격한 산 증인이 되었다.

나는 지금 그 당시의 아픈 기억들을 마음에 간직한 채 이웃 나라인 우간다 북부 남수단 난민촌에서 난민이 된 마을 주민들과 더불어 살아가고 있다. 이제 생생하게 떠오르는 리얼 아프리카(Real Africa) 남수단 이야기들을 다시 정리해 보고자 한다.

그날도 나는 여느 때와 마찬가지로 로아(Loa)에 있는 우리 신학교(ACTS Bible College)에서 학생들을 가르치고 있었다. 딱 1년 전인 2015년도에 세운 이 신학교는 학생 수는 많지 않았지만 남수단 독립 이후 최초로 설립한 신학교였기 때문에 많은 사람들이 관심을 가지고 있었다. 그리고 나는 정말 열심으로 학생들을 가르쳤다.

그날 오후 3시 반을 지날 무렵인가? 갑자기 전화벨이 울렸다. 아내의 목소리였다. 그 당시 남수단의 통신 사정은 너무 열악하여 네트워크가 터져 통화가 되는 날은 참 운이 좋은 날이었다. 남수단에는 3개의 통신회사가 있었는데, 그날은 아침부터 3개의 통신회선이 모두 불통이었다. 그런데 기적적으로 바로 그 순간 통신 라인이 잠깐 열린 것이다. 아내의 다급한 전화였다.

"빨리 집으로 와야겠어요. 지금 총소리가 크게 들리는데, 여기 전쟁이 났나 봐요."

"총소리? 갑자기 왜? 무슨 일인데?"

"지금 우리 집 앞 데레토 초등학교 쪽에서 총성이 막 울려요. 군인들이 총을 쏘며 삼거리 쪽으로 올라가고 있어요. 어떡해…큰일났어요. 지금 빨리 오세요…."

"지금 학교 수업 중인데 어떻게 가? 5시에 수업이 끝나니 일단 그때 봐요."

"…."

하지만 통신은 이내 다시 두절되었다. 당시 남수단은 정부군과 반군이 수시로 싸웠던 관계로 정부에서는 반군들의 작전을 제어하고 통신을 제어하기 위해서 가끔 모든 전화를 차단하곤 하였다. 그런 날은 반드시 정부군의 작전이 있는 날이었다. 하지만 우리 마을에서 군인들의 총소리를 자주 듣는지라 나는 별 신경을 쓰지 않았다. 가끔은 군인들이 야생동물을 사냥하기 위해 총을 쏘기도 하고, 일부

술 취한 병사들도 심심하면 공중으로 총을 난사하기도 하였다. 이미 여러 차례 내전의 공포를 겪은 마을 사람들은 이런 총소리에 굉장히 민감하였다.

사실은 그 며칠 전부터 수도 주바에는 곧 내전이 터질지 모른다는 흉흉한 소문들이 나돌았다. 딩카족인 살바키르 대통령이 누에르족 부통령 리엑 마차르를 전격 해임하면서부터 이미 예견된 일이었다. 해임된 부통령 마차르는 자기 휘하의 누에르 군 병력을 이끌고 밀림으로 잠적하였다.

그 당시 우리 집에는 엔젤 선교팀(횃불트리니티 신학대학원대학교) 전도사님들이 선교지원을 위해 방문 중이었다. 일행 중 3명은 일정상 먼저 한국으로 출국을 하였다. 그런데 이들을 전송해 주기 위해 주바 공항에 다녀온 마을의 운전기사가 지금 수도 주바의 분위기가 좀 어수선하고 이상하다고 내게 전해주었다.

내가 살고 있던 케레피 동네는 평온한 지역이었고, 수도 주바와는 거리가 멀었다. 그뿐만 아니라 남측 우간다 국경과 가까워 만약 전쟁이 나면 금방 탈출이 가능해서 큰 문제가 될 것이 없다고 항상 생각하였다. 내가 섬기는 마디(Madi)족들은 주로 농사를 짓는 사람들이었고, 무기를 소지하지 않는 부족이었기 때문에 애초부터 전쟁과는 거리가 멀었다. 주민들 스스로 자기네들은 평화주의자라고 이야기하였다.

그런데 바로 그 몇 달 전에 마디(Madi)족 출신으로 SPLA(남수단 인민해방군)에서 신망 받던 장군 하나가 전격 해임되었다. 그러자 그는 자신도 부족을 지키기 위해 반군에 가담하겠다고 선언을 하였다. 그때부터 마을 분위기가 이상하게 변했다. 매일 얼굴을 마주하던 마을 청년들이 하나둘 사라졌다. 반군에 가담하기 위해 숲으로 들어갔다는 미확인 소문들이 나돌았다. 우리 집 건설공사 현장 잡부로 일하던 '오쟈'라는 동네 청년도 그 무렵 행방이 묘연해졌다.

사람들은 이 청년들이 반군에 가담하여 오파리(Opari) 마을 인근 깊은 밀림에 숨어 살다가 양식이 떨어지면 밤에 몰래 집에 들어와 식량을 조달해 간다고 하였다. 하지만 이들이 부락 사람들과 이런저런 친인척 관계로 얽혀 있어 내게는 모두 쉬쉬하였다. 혹시라도 내가 마을을 떠날까 그런지, 이들은 늘 안심해도 좋다는 말만 되풀이하였다.

그때 우리 신학교에서는 케냐에서 강의 지원을 나오신 이종호 선교사님이 강의를 하고 있었다. 나는 이종호 선교사에게 아무래도 오늘 케레피 분위기가 좀 이상하니 강의를 조금 일찍 마치자고 이야기하였다. 우리는 4시가 좀 넘어 수업을 중단하고 서둘러 학교를 떠났다.

삶과 죽음 사이에 서서

우리 집이 있는 데레토(Dereto)는 케레피 마을(면소재지)에서 조금 떨어진 작은 동네였다. 그 당시 나는 이곳 30만 평 부지에 남수단 선교기지를 건설하고 있었다. 센터 건물은 이미 완공을 하였다. 그리고 우물도 팠고, 유치원과 교회 공사가 한창 진행 중이었다.

데레토 우리 집으로부터 로아(Loa)의 우리 신학교까지는 약 25킬로미터 정도 떨어져 있다. 자동차로 천천히 달리면 약 30-40여 분 거리이다. 면사무소가 있는 바게리(Pageri) 도로변 검문소에는 이미 철제 바리케이트가 설치되어 있었다. 무장 군인들의 경비가 삼엄하였다. 잔뜩 긴장한 표정의 군인 두 명이 우리 차를 세웠다.

"No…Stop!"

'통행금지…어디로 가느냐? 왜 가느냐?' 등의 질문을 던졌다. 나는 짐짓 아무것도 모르는 척하며 데레토에 우리 집이 있는데 거기에 간다고 말하였다. 그러자 그 군인은 지금 그곳에 반군이 출몰하여 전쟁이 터졌는데 어떻게 가느냐고 하면서 모든 통행이 차단되었으니 다시 돌아가라고 하였다. '이거 정말 큰일이구나' 생각하며 나는 용기를 내어 다시 그 군인에게 다가갔다.

"걱정 마라. 나는 데레토 마을에 살고 있어. 그리고 나는 목사인데 하나님이 지켜 주실 거야. 총알도 비켜 갈 것이니 걱정 말고 길 좀 열어 줘라. 나 집에 꼭 가야 한다…."

그 젊은 군인들은 나를 이상한 눈으로 한참을 바라보더니 어쩔 수 없는지 결국 바리케이트를 치워 주었다. 도로에는 이미 모든 차량의 통행이 끊어져 있었다. 매일 그 도로를 오르내리던 수많은 컨테이너, 트럭 등도 올 스톱이었다. 이상한 기분이 들고 겁도 났다. 그 상황에서 수도인 주바 쪽으로 올라가는 차량은 우리 차가 유일하였다. 바게리(Pageri)에서 케레피(Kerepi)까지는 차로 약 15분여 거리로, 우리는 정신없이 달려서 케레피 센터 앞에 도착하였다.

항상 북적이던 케레피 센터의 동네 사람들은 거의 보이지를 않았고, 평소 보지 못했던 낯선 젊은 사람들이 모여 웅성거리고 있었다. 길거리 가게들은 이미 다 철시한 상태였다. 그런데 콧속으로 싸한 화약 냄새가 들어왔다. 우리 집이 있는 북쪽 데레토 쪽으로부터 탕탕거리는 총소리가 가깝게 들렸다.

'아! 이거 정말이네…정말 전쟁이 났구나…!'

그런데 저 젊은 친구들은 누군가? 반군? 아니면 정부군? 분간이 안 되었다. 그런데 이 젊은이들이 마을 사람들을 통제하고 있는 듯 보였다. 그때 데레토 방향에서 갑자기 대형 컨테이너 운송 트럭이 전속력으로 내려왔다. 그는 나를 보더니 손을 X 표시로 흔들면서 소리쳤다.

"스톱…스톱…No…No…!"

"데레토(Dereto)에 큰 전쟁이 터졌으니 가지 마세요"라며 큰소리로 외쳤다. 나는 하는 수 없이 센터 공터에 차를 세웠다. 그리고 차 안에서 주변 상황을 살폈다. 해질녘의 따가운 햇빛이 얼굴을 바로 비춰서 온몸에 땀이 줄줄 흐르기 시작한다. 그리고 잠시 동안의 침묵이 흘렀다. 우리는 아무 말도 할 수가 없었다. 북쪽 데레토 쪽에서는 쿵탕쿵탕 총소리가 더 가깝게 들려왔다.

"선교사님, 이제 그만 니물레로 철수하시죠."

그때 이종호 선교사가 정적을 깨며 조용히 입을 열었다.

"여기서…가긴 어디로 가요?"

"다시 우리 신학교나 국경도시 니물레로 돌아가시죠. 아무래도 데레토는 못 갈 것 같아요."

"아니, 저 고개만 넘으면 우리 집이고, 그리고 집에 아내와 한국에서 온 단기 선교팀도 있는데…우리가 안 가면 아무것도 모르는 그들이 이 상황을 해결할 수도 없습니다. 무조건 가야 합니다. 죽어도 같이 죽어야지 나 혼자 살자고 이대로 갈 수는 없어요."

요란하던 총성이 갑자기 멎었다. 우리는 다시 차를 서서히 움직였다. 데레토 집으로 가기 위해서는 무탈라(무탈라는 '언덕'이라는 뜻의 마디어)를 넘어야 되는데, 고개 못 미쳐 이 동네 유지인 전직 케냐 대사의 집이 있었다. 동네에서 가장 규모가 큰 주택이었다. 그 집 가까이 오자 다시 요란한 총성이 울렸다. 마을사람들은 이미 대부분 숲으로 피신을 간 상태였기에 동네는 쥐 죽은 듯 고요했다. 그때 허겁지겁 차를 몰고 내려오던 또 다른 대형 트레일러 기사도 내게 손짓을 하며 제발 가지 말라고 소리쳤다.

그는 "지금 데레토 삼거리에 군인들이 수십여 명 죽어 나뒹굴고 있는데 길가에는 온통 피가 가득하니 당신도 지금 가면 죽는다. 그러니 제발 가지 마라"고 하였다. 그때 사복을 입은 일단의 사람들이 데레토 방향에서 걸어 내려오며 공중으로 총을 마구 쏘기 시작했다.

'아이쿠, 이거 영락없이 가운데 갇혔구나….'

뒤로도 앞으로도 못 가는 진퇴양난 상황이 되었다. 불안과 초조 속에 나는 다시 차를 몰아 마을 한 구석에 세웠다. 그리고 차에서 내려서 동네 빈 집 뒤로 들어가 숨었다. 숨을 죽이고 주변 상황을 살펴보았다. 마을에는 아무도 보이지 않았다. 영화에서나 흔히 볼 수 있는 그런 상황이 연출되었다.

"오! 주님, 이제 어떡할까요? 만약 제가 여기서 죽는다면 남은 이 일들을 다 어떻게 해요? 제발 좀 도와주십시오. 저에게 지혜를 주십시오!"

하지만 이건 어떤 기도가 아니라 차라리 외마디 절규에 가까웠다.

선교사님은
살아서 돌아가세요

그날 나와 함께 현장에 있었던 이종호 선교사님은 미국 뉴욕교회에서 파송 받은 분이시다. 일찍이 남수단 중에서도 가장 위험한 분쟁지역인 보마(Boma)에서 선교활동을 하다가, 2012년 1월에 발생한 무를레족과 조에 부족 간의 종족 싸움 당시 가진 모든 걸 다 빼앗기고 간신히 몸만 탈출한, 기억조차 하기 싫은 아픈 상처가 있었다.

선교사님은 그날 이후 극심한 전쟁 트라우마로 인한 심각한 공황장애로 한국에서 치료를 받고 다시 케냐로 들어갔다. 하지만 그는 결국 이 남수단을 못 잊어 다시 돌아와 나와 함께 남수단 사역을 새로 시작한 단계였다.

선교사님은 우리 신학교 강의를 위해 나이로비에서 남수단까지 오는 국제 버스를 타고 오셨다. 케냐에서 남수단을 오가는 국제 버스는 승객을 케레피 마을 앞에 내려주는데, 이 버스 여정은 무려 24시간이 걸리는 장거리 여행이었다. 나이로비에서 비행기를 이용하면 두 시간이면 오는 거리이지만 한 푼이라도 아껴서 가난한 남수단을 위해 사용한다고 굳이 장거리 버스를 이용하는 분이었다.

선교사님은 케레피 전쟁이 터지기 바로 3일 전인 7월 9일에 입국을 했기 때문에 아마 무척 당황했을 것이다. 가는 날이 장날이라고, 또다시 이런 전쟁을 경험하게 되니 그 지긋지긋했던 예전의 상처가 되살아나 어쩔 줄을 몰라 했다.

하지만 우리는 곧 모든 걸 체념했다. 그리고 모든 것을 하나님께 맡기기로 했다. 상황이 어떻게 전개될지 어느 누구도 모르는 상황이었기 때문이다. 어디 멀리 도망갈 여유도 틈도 없었다. 이젠 죽어도 하나님의 뜻, 살아도 하나님의 뜻이라고 서로 위안을 했다.

아! 어쩌다 우리는 남수단까지 들어와 이렇게 화를 당할까? 만약 우리가 여기에서 죽는다면 믿지 않는 사람들은 우리를 얼마나 욕할까? 당시 남수단은 여행금지 국가였다. 가지 말라는 땅, 남수단엔 왜 들어가서 또 문제를 일으키느냐고 욕할 것이 분명했다. '아~ 내가 너무 무리했나? 아니면?' 별의별 생각들이 다 스쳐 지나갔다.

우리는 차에서 내려 보롱골레 마을의 빈집 뒤에 숨어 있었다. 다리가 아파 왔다. 우리 둘 다 가지고 있는 물이 없었다. 목이 마르고, 머리도 아파왔다. 그리고 입술이 바싹바싹 타 들어갔다. 마음이 불안하여 다시 살그머니 차 안으로 들어갔다. 운전석의 의자를 뒤로 다 젖히고 누웠다. 길가에서는 차 안에 누가 있는지 잘 안 보일 것 같았다. 몇 사람들이 뭐라고 소리치며 급하게 지나갔다.

"선교사님, 이젠 어떻게 하죠?"

이종호 선교사가 내게 물었다.

"조금만 더 기다려 봅시다…아마 길이 있을 겁니다."

나는 시간이 지나면 상황이 나아질거라고 그를 안심시켰다.

옆에 같이 누워 있던 이종호 선교사가 갑자기 떨리는 목소리로 내게 이야기하였다.

"선교사님, 선교사님은 절대로 죽으면 안 됩니다. 어떻게 해서든지 꼭 살아서 돌아가십시오."

"아니, 그게 무슨 말입니까? 말도 안 되게…."

"왜요? 나야 나이도 많고 살 만큼 살았으니 죽어도 되지만 선교사님은 아직 젊지 않아요? 젊은 선교사님이 살아서 돌아가야죠. 아직 아이들도 어리고 할 일이 나보다 많을 테니 하나님이 만약 우리 둘 중 하나를 데려가신다면 나를 먼저 데려가실 겁니다. 그러니 선교사님 너무 걱정하지 마세요."

"아닙니다. 저는 다닐 때 어떤 일들이 있을지 몰라 항상 집에 유서를 써 두고 다닙니다. 만약 제게 무슨 일이 있어도 제 아내는 강하기 때문에 잘 헤쳐나갈 것입니다. 하지만 선교사님은 이곳에 벌여 놓은 일들이 너무 많으니 돌아가시면 안 됩니다. 반드시 살아서 돌아가십시오."

"하이구, 선교사님…무슨 소리를…?"

나는 그때 이종호 선교사가 극심한 공포감에 휩싸여 있음을 알았다. 우리는 서로 위로를 주고받았지만 사실 마음으로는 둘 다 갑작스러운 최악의 사태까지 대비하고 있었다. 한 치 앞을 내다볼 수 없는 그런 상황에서 나눈 우리 둘의 대화는 매우 진지하였다.

겉으론 담담한 척하였지만 사실 내 머릿속은 무척 복잡했다. 다리에 힘이 쫙 풀렸다. 목소리가 떨려 오기 시작했다.

'나야 뭐 목숨을 걸고 선교하러 온 선교사이니 이곳 선교지에서 죽을 수도 있겠지만, 나를 돕겠다고 한국에서 온 젊은 청년 신학생들은 또 어떻게 하나? 우리가 죽으면 남은 그들이 어떻게 뒷일을 처리하고 한국으로 무사히 돌아갈 수 있을까? 그리고 이 상황에서 누가 그들을 구출해 줄까? 그리고 또 하나…평생 집안에서 살림만 하

다가 남편 때문에 멋모르고 아프리카 오지 선교지로 따라온 아내는 또 어떻게 하나?'

생각이 여기까지 미치자 갑자기 모든 지각능력이 올 스톱이 되어 버렸다. '정신 차리자… 의연하게 행동하자…' 나는 스스로에게 위안을 하였지만 몸과 마음이 온통 마비된 상태에서 내가 할 수 있는 일이라곤 아무것도 없었다. 나는 연신 하나님의 이름을 부르며 기도하였는데, 근데 사실 이처럼 다급하니 기도도 잘 안 나왔다.

"아…하나님…!"

4장

천사를 보내주신 하나님

저녁 7시가 되자 사방이 어둑어둑해지기 시작하였다. 그 지역에는 높은 산이 없다 보니 저녁에는 해가 금방 졌다. 조금 전까지 그렇게 요란하게 탕탕거리던 총소리도 이제 좀 잠잠해졌다. 날이 어두워졌기 때문이다.

"선교사님, 이제 그만 갑시다. 여기서 저 무탈라 고개를 넘는 데 약 3분 정도면 됩니다."

나는 다시 차량에 시동을 걸었다. 16년이나 지나 노후하고 낡은 2000년식 무소 차량의 엔진 소리가 오늘따라 너무 시끄러웠다. 근데 왜 오늘은 이 고물 차량이 유난히 소리가 클까? 이 소리를 듣고 혹시나 군인들이나 반군들이 총을 쏠지도 모르는데…. 나는 너무 불안했다. 핸들을 잡은 손이 떨려왔다. 안심이 안 되었다. 당황하면 사고가 나는데….

"선교사님…큰길은 위험하니 우리 차는 차라리 여기에 두고 걸어 갑시다. 동네 뒷길로 돌아 산을 넘고 숨어서 살살 걸어갑시다."

갑자기 이종호 선교사가 큰길로 가지 말자고 내게 간청을 하였다.

"큰길이 더 안전할 텐데요? 만약 산속 숲길로 가다가 반군들이 우리를 오인하여 총이라도 쏘면 우린 죽어요."

당시 국도변은 정부군이 장악하고 있었고, 숲에는 반군들이 숨어 있었기 때문에 어디로 가건 위험하긴 마찬가지였다. 나는 정공법으로 큰길로 가자고 하였고, 선교사님은 뒷길로 가자고 하는 것이었다. 짧은 순간이지만 긴장감이 흘렀다. 어떤 결정을 하건 우리의 생사가 걸린 문제였기 때문이었다.

"그래도 숨을 수 있는 숲이 있는 뒷길로 갑시다. 그게 더 나을 듯합니다."

결국 실랑이 끝에 나는 이종호 선교사와 함께 차를 버리고 산길을 돌아가기로 결정을 하였다. 그때 갑자기 서측 숲속에 숨어 있던 무탈라 마을 학생 두 명이 살며시 손짓으로 내게 신호를 보냈다. '아니, 저 친구들은 아직 멀리 피난을 못 갔구나…' 가만히 보니 이들은 잽싸게 숲으로 도망을 가서 이쪽 주변 상황을 보는 듯하였다. 얼굴이 새까만 사람들이라 어둑어둑 할 때 숲에 숨으면 거의 보이지 않았다. 오랜 전쟁의 경험 때문인지 마을 사람들의 대피 순발력은 정말 놀라웠다. 얼마 전에도 마을에 큰 총소리가 나자 공사 현장에서 일하던 아줌마와 인부들이 모든 걸 버려두고 순식간에 숲으로 도망간 적이 있었다.

오늘도 마찬가지로 아이들과 여자들, 마을 사람들은 숲속으로 잽싸게 대피를 하였다. 마을은 텅 비어 있었다. 이들은 크게 자란 옥수수나 카사바 밭에 납작 엎드려 상황을 예의 주시하고 있었다. 얼굴이 새까맣게 다들 검으니 숲에 숨으면 거의 보이지 않았다.

그런데 무탈라(Mutala) 마을 뒤편을 돌아 우리 집이 있는 언덕을 향해 가다가 우리는 그만 길을 잃어버렸다. 당시는 7월이라 다 자란 온갖 잡풀들과 옥수수, 갈대들로 인해 평소에 보이던 작은 오솔길이 전혀 보이지를 않았다. 언덕은 온통 숲으로 변해 있었다.

'아! 어디로 가야 하지?' 길을 찾지 못해 머뭇거렸다. 정신이 혼란해졌다. '이를 어떡하나?' 움직이는 게 매우 조심스러웠다. 그렇다고 다시 큰길로 나갈 수도 없고, 우린 꼼짝없이 독 안에 갇힌 신세가 되었다.

"주님, 어찌하리이까? 집에 돌아갈 길을 잃었습니다. 제발 길 좀 찾게 해 주십시오."

우리가 멈칫거리며 난감해하고 있는 바로 그때, 참 신기한 일이 일어났다. 어디선가 갑자기 노인 한 분이 나타났다. 덩치가 자그마한 처음 보는 노인이었다. '이 할아버지는 왜 도망을 가지 않고 지금까지 여기 숨어 있었지? 어디에서 왔을까?' 그런데 이런 생각도 잠시, 노인은 급하게 우리에게 질문을 던졌다.

"어디를 가려고 하십니까?"

"우리 집이요. 우리 집이 저 언덕 아래에 있는데, 그만 가는 길을 잃어버렸습니다."

"아, 코리아센터요?"

"예, 거기가 우리 집입니다."

"내가 안내할 테니 날 따라와요."

그 노인은 우리 집을 잘 아는 듯하였다. 총알이 날아다니는 전쟁의 위험 속에서 한 번도 본 적 없는 노인이 우리를 안내하겠다고 자발적으로 나서다니, 너무 신기하고 또 고맙기도 하였다.

'이분은 틀림없이 하나님이 보내셨구나!'

그 할아버지를 따라 잠시 몇 발자국을 움직였을까? 아니나 다를까? 서쪽 숲에서 갑자기 '탕' 하며 우리를 향하여 요란한 총성과 함께 총알이 날아왔다. 예상대로 반군 진영에서 우리를 향해 쏜 총이었다. 총알은 내 머리 위로 핑 하며 날아갔다. 나와 이종호 선교사는 혼비백산하여 다시 옆의 빈집으로 뛰어 들어갔다. 흙으로 만든 투클 움막집이었다.

집안에는 이곳과 어울리지 않는 비교적 깨끗한 침대 하나가 놓여 있었고, 저녁을 짓기 위해 준비하던 식기류 등이 흩어져 있었다. 보아 하니 젊은 여자가 사는 집인데 집 주인도 급히 숲으로 피난을 간 듯 하였다.

총성이 나자 앞장서서 길을 안내하던 노인도 순식간에 어디론가 사라졌다. 위급할 땐 각자 살길을 찾는 수밖에 없다. 주인 없는 텅 빈 집안에서 우리는 숨을 헐떡이며 엄습해 오는 불안감과 공포를 달래야 했다. '날이 더 어두워지면 숨어서라도 집에 갈 수 있을 거야. 조금만 참자…조금만 참자….' 마음속으로 수도 없이 나 자신에게 위로를 하였다.

"선교사님, 이제 어떻게 하죠? 이거 정말 오도 가도 못하게 생겼어요. 날은 점점 어두워져 가고…."

이종호 선교사가 나직하게 이야기했다.

"그러게 제가 큰길로 가자고 했잖아요? 차라리 큰 대로를 이용하여 차를 타고 갈 걸, 우리가 잘못 생각했나 봐요…."

나는 이종호 선교사에게 우리가 길 선택을 잘못했다고 불평을 하였다.

"아닙니다. 거긴 군인들이 지키고 있고 마구 총을 쏘기 때문에 더 위험합니다."

우리는 서로 얼굴만 멀거니 바라볼 뿐 딱히 좋은 아이디어가 떠오르지 않았다. 20-30여 분이 지났을까? 밖은 더 어두컴컴해졌다. 잠시 후 다시 그 집을 나왔다. 여기 계속 있을 수 없으니 어떻게든 길을 다시 찾아봐야지. 그런데 우리가 다시 떠날 채비를 하자 놀랍게도 아까 사라졌던 그 노인이 다시 나타났다.

"자, 이제 다시 저를 따라오세요."

"아이구…감사합니다."

우리는 그 노인에게 '어디에 숨어 있었느냐, 이제 어떻게 하는 게 좋겠느냐' 등 그 어떤 질문도 던지지 않았다. 말은 없어도 우리는 살아야 했기에 움직임 하나는 절실했다.

"선교사님, 이제 뛰어갑시다. 혹시 숲에서 총알이 날아올지 모르니 일단 지그재그로 몸을 움직이며 뜁시다. 몸의 자세를 낮추고요. 가능한 한 빨리 움직입시다."

나는 군대 시절에 받던 유격훈련을 떠올리며 뛰어가자고 이종호 선교사를 재촉했다. 순간 누가 먼저라 할 것도 없이 우리 둘은 정신없이 산길을 뛰기 시작했다. 어떻게 달렸는지 전혀 기억이 나지 않는다. 육상 선수 못지않은 순발력이 나왔다. 온몸은 땀으로 범벅이 되었고, 숨이 턱 밑까지 차올랐다. 그런데 놀라운 것은 그 노인의 발걸음이 우리보다 훨씬 빨랐다. 우리는 순식간에 언덕을 내려갔다. 드디어 우리 집이 보였다.

'할렐루야~ 만세!' 우리 집 우물도 보이고, 우리 집 대문도 보였다.

"이제 다 왔어요…살았구나…감사합니다."

나는 그 노인에게 고맙다고 인사를 하고 손에 얼마인지 모르지만 가지고 있던 돈을 다 집어 주었다. 그게 그날 내가 지니고 있던 돈의 전부였다. 우물에서 우리 집 대문까지는 약 40미터, 그런데 이 마지막 40미터 구간을 어떻게 달렸는지는 정말 전혀 기억이 나지 않는다. 거기는 휑하니 뚫려 있어 만약 군인들이 우리를 봤다면 반군으로 알고 총을 쐈을 것이고, 반대로 반군들이 우리를 봤다고 하면 그들도 총을 쏘았을 것이다. 움직이는 거라곤 아무것도 없었기 때문이다. 떨리는 마음으로 우리는 대문을 열고 쏜살같이 집으로 뛰어 들어갔다.

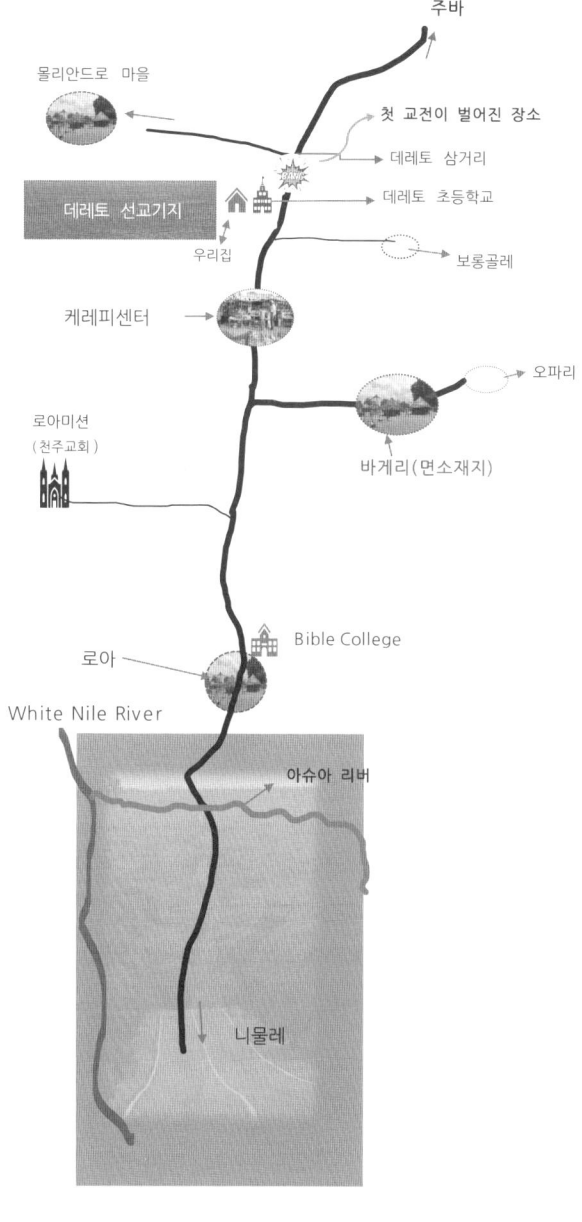

케레피 지역 위치도

두려움과
공포의 밤을 지나

황급히 거실로 뛰어 들어가니 모두들 난리가 났다. 우리 두 사람의 얼굴은 하얗게 질려 사색이 되어 있었다. 아무 생각도 나지 않았다.

"그것 봐요, 내가 선교사님은 반드시 온다고 했잖아요?"

아내는 우리가 돌아올 것을 알았다며 자랑스럽게 이야기했다. 다른 팀원들은 매우 놀라는 눈치였다.

"아니, 이 난리 중에 어떻게 돌아오셨어요? 길이 막혔을 텐데…?"

"일단 좀 쉬고…. 배가 고프니 밥이나 좀 먹은 후 이야기합시다."

나는 한 편의 전쟁 드라마 같았던 오늘의 이야기를 대충 전해주었다. 저녁을 먹고 앞으로의 대책을 논의하기로 하였다. 저녁 7시가 훨씬 넘은 시각, 우리 모두는 식탁에 앉았다. 막 숟가락을 들려던 순간, 바로 그때 우리 집 창문 옆으로 총알이 다시 불을 뿜었다. 그 소리가 무척 큰 걸 보니 우리 집 오른쪽 가까이에서 사격을 하는 게 분명했다. 모두 공포에 떨었다.

"자, 모두 숨어요. 창 쪽으로 가지 말고. 가능한 한 벽체 있는 쪽으로 몸을 숨겨!"

"전기, 전기 소등!"

정신없이 소리치자 누군가 잽싸게 전기 스위치를 내렸다.

"총알이 유리창으로 날아올지 모르니 모두 벽 쪽으로 자세를 낮춰요!"

팀원들 모두 군대를 다녀온 젊은 청년들이지만 이런 비상사태에선 대장의 전략이 우선이었다. 나는 전선의 소대장으로 이들을 지휘해야 했다. 이건 마치 TV나 영화의 한 장면 같았다. 이번 총격도 정부군 사이드에서 숲속 반군 쪽으로 쏜 것이었다. 군인들은 도로변에서 우리 집을 향해, 그리고 그 뒤 신축 중인 우리 교회부지 쪽으로 마구 총을 쏘기 시작하였다. 시뻘건 화염이 불을 뿜었다. 이건 보통 사용하는 AK 소총 그런 게 아니라 다 연발 총이었다. 우리는 모두 납작 엎드리며 풀썩 주저앉았다.

'아이구…이제 이건…어떻게 하나…어떻게 하나…?'

"모두 숨어요. 창문 쪽으로는 가지 말고 벽 쪽으로 기대거나 숨으세요!"

정신없이 말은 했지만 사실 내 머릿속은 무척 복잡했다. 만약 이렇게 하다가 누구 한 명이라도 다치게 되면 어떻게 하나?

"오! 주님, 주님, 제발 저희 좀 도와주세요!"

일행의 안전과 현장 선교를 책임지고 있던 내 마음은 누구보다 타들어가고 있었다. 모두 각자 몸을 대피하였다. 그 상황에서는 더 이상 말이 필요 없었다. 모두들 민첩하게 움직였다. 하지만 이내 심각한 혼란 상태에 빠졌다. 뾰족한 다른 방법이 없었기 때문이다. 나는 그 와중에도 식탁 밑에 홀로 쭈그리고 앉아 밥을 먹었다. 점심을 먹지 못해 배가 너무 고팠기 때문이다. 나는 정신없이 반찬도 없는 밥을 물에 말아 삼키고 있었다. '나중에 도망가더라도 먹을 건 먹어야 살지….' 하지만 다른 일행들은 식사를 전혀 못했다. 혹시 언제 또 총알이 날아올지 모르기 때문에 숨을 죽인 채 총성이 멎기만 기다리고 있었다.

"기도합시다. 군인들이 설마 우리 집이야 공격을 하겠어요? 괜찮을 거니 걱정 마세요."

나는 팀원들을 위로했다. 하지만 상황은 그렇게 쉽지 않다는 걸 다들 알고 있었다.

"선교사님, 이러다 만약 우리가 잡히면 분당 샘물교회 같은 사태가 날지도 모릅니다. 단순하게 생각하지 마시고 당장 철수할 준비를 해야 할 겁니다."

단기팀으로 온 선교 팀원 중 누군가 내게 먼저 철수를 요청하였다. 잘못되면 모든 게 다 내 책임이다. '어떻게 해서든 이분들을 먼저 한국으로 돌아가도록 조치를 하자.' 내 마음은 이런 심한 압박감에 거의 멘붕 상태가 되었다.

"네…! 그런데 나는 마지막까지 남아 있을 겁니다. 내가 이곳 군인들을 좀 아는데 그들이 나는 쏘지 않을 겁니다."

그날은 무서워서 모두 몸도 씻지 못한 채 각자 방으로 들어갔다. 오늘 밤 무사하기만 바라면서…. '하지만 만약 정부군이나 반군들이 밤에 총을 들고 우리 집으로 들이닥치면 어떻게 하나?' 온갖 생각들이 꼬리를 물었다.

난생처음 경험하는 두려움과 공포의 밤은 그렇게 지나갔다. 하지만 우리 하나님은 전쟁의 화염 속에서도 우리를 지키고 보호해 주셨다.

다음 날 아침, 나는 어제 무탈라 마을 한 구석에 버려두고 온 자동차를 가지러 옆 동네 무탈라 마을로 나갔다. 사실 거기까지 걸어가는 것도 큰 용기가 필요하였다. 그렇지만 자동차를 그대로 방치해 둘

수는 없었다. 아침 공기는 예전과 다름없었지만 마을 사람들이 없는 텅 빈 마을엔 아무 소리도 들리지 않았다.

그때 어떤 한 사람이 중년의 부인을 부축하며 데레토 삼거리 쪽에서 걸어 내려왔다. 그 여인은 이미 눈동자의 초점이 풀리고 정신이 반쯤 나간 상태였다. 어떻게 된 거냐고 물었더니 그 여인을 부축하던 사람이 대신 설명을 해주었다. 차를 타고 주바에서 내려오던 중 바로 우리 동네 데레토 삼거리에서 군인들이 차를 운전하던 남편을 그 자리에서 총으로 죽였다는 것이다. 그러면서 그는 지금 데레토 앞은 온통 피바다이며, 수십 구의 시체가 나뒹군다는 이야기를 해주었다.

차를 몰고 다시 집으로 돌아오는 길은 그야말로 목숨을 건 탈출 같았다. 바로 그 길에서 어제 반군들의 테러가 발생했기에 다시 그 반군들의 공격이 없다고 볼 수 없었다. 나는 그야말로 정신없이 차를 몰아 집으로 돌아왔다.

그리고 팀원들에게 '지금 데레토 삼거리 쪽으로 가서 그 처참한 전쟁의 참상을 사진으로 남겨야 하겠다, 우리가 유일한 목격자이니 이걸 사진으로 찍으면 특종이라'고 하며 카메라를 들고 가겠다고 했더니 모두 기겁을 하며 말렸다.

"아뇨, 선교사님, 제발 가지 마세요. 큰일납니다. 무슨 일이 있을지 모릅니다."

모두들 만류하여 아쉽지만 결국 그 참사 현장을 증거사진으로 남기지 못하였다. 만약 그때 내가 그 참사 현장을 증거사진으로 남겼다면 아마 큰 뉴스가 되었을 것이다. 그러는 사이 두 번째의 두려운 밤이 찾아왔다.

군인들도 다들 지쳤는지 이제 총성이 멎었다. 밖이 너무 조용했다. 그런데 그날 저녁 늦게 어떤 두 남자가 우리 집으로 찾아왔다. 한 사람은 케냐인 트럭 운전기사였고, 다른 한 사람은 우리 마을 북측 몰리(Moli) 지역에 사는 사람이라고 했다. 그런데 이 케냐인 트럭 기사는 엄지손가락이 일부 절단된 상태였다. 저녁 늦게 주바에서 내려오다 차량 타이어가 펑크 나서 잭 키를 가지고 차를 들어올리다가 미끄러져 그만 손가락이 절단되었다고 하였다. 피는 치솟고 고통스러웠지만 마을 사람들이 모두 대피를 하여 응급처치를 해줄 사람이나 진료소, 의사가 없었다. 그런데 누군가 우리 집을 가리키며, 거기는 무중구(외국인)가 사는 집인데 혹시 어떤 약이 있을지도 모르니 한번 가 보라고 했다고 했다.

사실 너무 위급하고 불쌍한 상태였다. 몰리 지역에서 우리 집까지 걸어오려면 한 시간도 더 걸리는데 그 먼 거리를 아픈 손가락을 부여잡고 왔을 것을 생각하니 마음이 짠하고 아팠다.

그런데 그것보다는 만약 이 트럭 기사와 함께 온 사람이 이 마을 반군과 연계된 사람이라면 우리 집은 불바다가 될 수도 있었기 때문에 대처가 무척 조심스러웠다. 하지만 그 상황에서 우리는 선한 사마리아인이 되어야 했다. 늦은 시간이었지만 그를 돕기로 했다. 우리는 피로 범벅이 된 그의 손가락을 소독한 후 압박붕대로 칭칭 감아 지혈을 하고 가지고 있던 항생제를 바르고 약을 주었다. 참 다행스럽게도 군대에서 의무병으로 복무한 경험이 있는 이종호 선교사님이 아주 능숙하게 응급처치를 잘해 주었다. 그 기사는 그날 우리 집 인부들 숙소에서 하룻밤을 자고 다음 날 아침 일찍 출발했다. 사실 아침에 먹을 거라도 좀 줄 걸 하는 마음이 들었지만, 이들은 간다는 소리도 없이 길을 재촉해 떠났다.

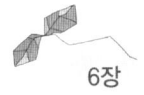
6장

황폐한 땅에
홀로 남아

　이제 데레토(Dereto) 마을은 예전에 내가 살던 마을과는 전혀 다른 마을이 되었다. 동네 사람들은 다들 어디로 갔을까? 우리 집 경비원 보스코는 그날 총소리가 나자 온다 간다 말도 없이 먼저 사라졌다. 이제 이 집에 남은 인원은 한국인 6명, 그리고 우간다인 건축공사 인부 두 명이 전부였다.
　데레토 센터는 숲으로 둘러싸인 언덕에 위치하였다. 서측 나일 강 쪽에서 시원한 강바람이 불어와서 건기에도 제법 시원했다. 저녁에 언덕 위에 서면 석양 너머로 멀리 우간다 국경이 내려다보였다. 아침에 아름다운 새소리에 눈을 뜨면 가장 먼저 마을 아이들이 올망졸망 펌프가 있는 우리 우물가로 물을 길러 내려오곤 했다.
　학교 공부가 오후에 끝나고 나면, 그때부터 우리 집은 온통 동네 아이들의 놀이터가 되었다. 아이들의 고무줄 놀이, 축구, 리듬에 맞춘 찬양과 노래 등은 해가 어둑어둑해질 때까지 계속되었다. 그런데 전쟁이 나니 이제 동네는 완전히 텅 빈 광야로 변했다. 밤마다 들리던 여우 울음소리도 그쳤고, 아침부터 꺽꺽거리는 우물 펌프질 소리도 그쳤다. 마치 유령의 마을 같았다.

아침에 묵상한 말씀은 예레미야 33장의 말씀이었다.

> 여호와께서 이와 같이 말씀하시니라 너희가 가리켜 말하기를 황폐하여 사람도 없고 짐승도 없다 하던 여기 곧 황폐하여 사람도 없고 주민도 없고 짐승도 없던 유다 성읍들과 예루살렘 거리에서 즐거워하는 소리, 기뻐하는 소리, 신랑의 소리, 신부의 소리와 및 만군의 여호와께 감사하라, 여호와는 선하시니 그 인자하심이 영원하다 하는 소리와 여호와의 성전에 감사제를 드리는 자들의 소리가 다시 들리리니 이는 내가 이 땅의 포로를 돌려보내어 지난날처럼 되게 할 것임이라 여호와의 말씀이니라 만군의 여호와께서 이와 같이 말씀하시니라 황폐하여 사람도 없고 짐승도 없던 이곳과 그 모든 성읍에 다시 목자가 살 곳이 있으리니 그의 양 떼를 눕게 할 것이라(렘 33:10-12).

이 말씀은 그날 아침에 우리에게 많은 용기와 위로를 주었다. 사실 그 당시 우리 마을의 상황은 예레미야의 말씀과 어쩌면 그리도 똑같은지 우리 모두는 깜짝 놀랐다. 황폐하여 사람도 없고 주민도 없는 이 땅, 짐승도 없고 기뻐하는 소리도 들리지 않는 이 땅, 그런데 하나님은 언젠가 이 땅을 다시 회복시켜 주시겠다고 말씀하셨다. '하나님께서 이 땅을 다시 살려 주시겠구나!' 그 절망의 땅에 홀로 서 있던 우리는 이 말씀을 읽고 위로를 얻었으며, 곧이어 하나님의 은혜를 구하는 기도를 드렸다.

나중에 알려진 전쟁의 비화는 이렇다. 반군들은 이날의 거사를 사전에 치밀하게 계획하고 모의했다. 사실 전쟁이 나던 바로 그날, 아침 6시 조금 지나서 나는 수상한 군인들이 우리 집 주변을 지나는 걸 목격했었다. 여느 때 같으면 군인들이 내게 먼저 인사를 했을 텐데, 이상하게 이 친구들은 무표정하게 우리 집 담장 옆을 지나고 있었다. 나이도 17-20세 정도로 어려 보였다. 나는 이들이 지역 반군의 일원이었다는 사실을 나중에야 알게 되었다. 참으로 아찔한 순간이었다. 만약 이들 반군이 그날 아침에 우리 집을 접수한 후 근거지로 삼고 정부군에 공격을 감행했더라면, 아마 우리 모두는 무사하지 못했을 것이다.

숲으로
도망간 아이들

    데레토 내전의 뒷이야기는 사람들의 구전을 통하여 바로 전달되었다. 바로 그날, 7월 12일 오후 3시경 이들 반군들은 데레토 삼거리 입구에서 지나가던 차량을 막고 이유 없이 총격을 가하고 운전기사를 죽였다. 이건 일종의 백주 대낮의 게릴라전이었다. 아수라장이 된 현장, 이 소식을 접한 바게리냐 SPLA 주둔군 부대에서 일단의 군인들이 차량을 타고 출동을 했다.

    그런데 사실 이들 군인들도 우리가 봐선 오합지졸 그 자체였다. 총을 거꾸로 메고 작은 픽업 차량에 실려 도착을 했다. 작은 차량에 탑승할 수 있는 인원이라야 7-8명도 채 안 되었다. 하지만 이를 알고 미리 매복해 있던 반군들이 이들 군인들을 공격하여 전부 죽였다. 소위 반란군의 정부군 유인작전의 성공이었다.

    이 소식을 들은 즉시 2차 지원군이 도착을 하였다. 하지만 이들 역시 반군에게 무참히 당하였다. 당초에 정부군(Sudan People's Liberation Army, SPLA)은 소규모의 지역 반군들이 소란을 일으킨 것으로 보고 처음에는 대수롭지 않게 생각했던 것 같다.

데레토 삼거리 언덕은 죽은 군인들의 시체로 피범벅이 되었고, 그 마을 사람들은 혼비백산하여 다 숲으로 도망을 갔다. 이제 사태의 심각성을 깨달은 정부군의 대규모 반격이 시작되었다. 닥치는 대로 중화기를 쏘며 반군들을 밀어냈다. 통상 반군들은 게릴라 전투였기 때문에 총을 쏘고 금방 숨곤 하였는데, 이번 싸움에선 반군들이 먼저 대규모로 저항을 하였다.

이 전쟁은 국지전에서 급기야 전국으로 확대되었다. 특히 우리가 살고 있는 동부 에콰토리아(Eastern Equatoria) 지역의 내전이 아주 극심하였다. 주도인 토릿, 마그위 카운티, 아루정선, 몰리, 키트 등에서 동시다발적으로 전쟁이 터졌다. 반면에 정부군이 철통같이 방어하고 있는 수도 주바는 의외로 조용하였다. 지난 2013년 12월 내전은 수도 주바에서 먼저 터졌는데, 이번에는 주바 외의 다른 시골 마을에서 먼저 전쟁이 터졌기 때문이다.

우리 동네 사람들은 반군보다는 정부군들을 더 무서워하였다. 주로 딩카족이 주축이 된 정부군인들은 학교 교육을 제대로 받지 못한 아주 거친 사람들이었다. 하위 병사들 가운데는 여러 부족에서 소년병으로 징집된 아이들도 섞여 있었다. 그들은 마을 사람들을 보면 다짜고짜로 총질을 하였다. 숲으로 도망간 마을 주민들은 밤에 몰래 집에 들어와 옥수수와 먹을 것을 싸가지고 다시 숲으로 되돌아간다고 하였다.

7월 17일, 토요일이 지나고 또 여느 때와 같이 주일 아침이 되었다. 당시 우리 교회는 건물이 없어 우리 집 옆 공터의 커다란 나무 아래에서 예배를 드렸다. 매주일 아침이면 많은 아이들이 몰려와 찬양하며 예배를 함께 드렸는데, 마을 사람들이 모두 피난을 간 이날의 주일 아침은 쥐 죽은 듯 고요하였다.

아무도 없는 나무 아래 교회였지만, '우리라도 주일 예배는 드려야지' 생각하고 우리는 새로 지은 작은 창고에서 예배드릴 준비를 하였다. 그때 숲으로 피난을 갔던 우리 주일학교 학생인 초등학교 5학년 여자아이 안조요가 다른 여자아이 한 명과 함께 나타났다. 아이들은 주일 예배를 드리기 위해서 왔다고 하였다. 며칠간 씻지도 못하고 먹지도 못해 꾀죄죄한 몰골에다 몸에서는 심한 냄새가 났지만 용기를 내어 주일 예배를 드리기 위해 온 것에 큰 감동을 받았다.

"그래, 너희들 그동안 모두 어디 숨어 있다 왔니? 기데, 스테반은 괜찮고? 동네 사람들은 다 어디로 갔지?"

나는 숨쉴 틈도 없이 물어보았다. 기데와 스테반은 우리 집에 거의 매일 와서 살던 동네 고아 아이들이었다.

"마을 사람들은 모두 몰리 안드로(Moli Andro) 마을 인근 숲속에 숨어 있어요."

몰리 안드로는 우리 데레토 마을에서 약 5-6킬로미터 떨어진 원시자연 부락이었다.

"그렇구나…. 어떻게…다들 건강은 하니? 먹는 건 어떻게 해결하니?"

"밭에서 카사바를 캐 먹거나 옥수수가 있으면 따서 구워 먹으며 버티고 있어요."

"물은…?"

"물은 없어요…. 그냥 웅덩이 물 퍼마시고…근데 밤엔 엄청 많은 모기 때문에 도저히 잠을 잘 수가 없어요. 이거 보세요, 온통 물렸어요."

안조요는 벌겋게 물린 팔을 우리에게 보여주었다.

"아이고, 어떡하니? 앞으로 어떻게 할 거니?"

"우리 동네 사람들 모두 우간다로 피난을 간대요. 저희도 곧 갈 거예요. 이제 목사님을 더 이상 못 뵐 것 같아요…. 여기선 더 이상 살 수가 없어요….”

"차량이 없는데 어떻게 피난을 가나…? 걸어서? 아니면 나일 강을 건너서?"

우리는 이날 아이들과 함께 예배를 드리고 이들에게 급히 먹을 것들을 좀 싸주었다. 데레토 마을에는 남자 노인들 몇 명만 남았고, 아이들과 여자들은 거의 다 피난을 갔다. 무탈라와 데레토 주변 전체 마을이 텅 비었다.

2부

케레피…그 충격과 혼돈의 일주일

1장

군대의 약탈이 시작되다

　반군들에게 수십여 명의 동료를 잃은 정부군의 눈에는 살기가 돌았다. 그들은 닥치는 대로 총을 쏘며 반군들을 공격했다. 그들에게 가장 확실한 반군 소탕작전은 동네 가옥을 불태우는 것이었다. 그들은 집집마다 불을 지르고 약탈을 하였다.
　SPLA 군인들은 대부분 딩카족이었고, 우리 지역 반군의 주력군은 아무래도 마디족인 것 같았다. 왜냐하면 이 지역의 지형 지물을 다른 부족들은 잘 몰랐을 것이기 때문이다. 때문에 정부군의 눈에는 마을 주민들은 죄다 반군이거나 반군 지원조직으로 보였을 것이다. 마을 사람들은 군인들을 무서워하였다. 가난한 농촌주민들의 살림 도구라야 변변한 것이 없는데, 이들은 빈집에 남겨둔 소나 염소 등을 다 끌어가서 잡아먹었다.
　이제는 이들 광란의 군인들 세상이 되었다. 사실 우리가 그 당시 마을 내 상황을 다 둘러보지 않아서 그렇지, 마을 내에서 어떤 끔찍한 일들이 벌어졌는지는 아무도 모른다. 그들은 빈집을 돌며 주민들이 남긴 가재도구들을 모아 길거리에 내다 팔았다. 탁자, 침대, 온갖 살림살이, 집기들…. 그리고 남은 것들은 불을 질렀는데, 갈대 잎으로 덮인 투쿨(Tukul) 가옥은 금세 불에 탔다.

남수단 내전에서 가장 큰 문제는 이들 군인들의 난폭함과 만행이었다. 상대방 진영에 치욕적인 타격을 주려는 복수심과 증오심에 불타서 반대편 여성들에 대한 무자비한 성폭력을 자행하거나 잔인하게 살해하기도 했다. 가장 피해를 받는 계층은 여성과 어린아이들이었다. 그래서 총소리가 나면 가장 먼저 도망을 가는 사람들은 여성들과 아이들이었다. 이들은 군인들을 가장 두려워하고 무서워했다. 이들의 약탈과 만행은 인간이 얼마나 맹수같이 난폭하고 잔인해질 수 있는지를 여실히 보여주었다.

평화롭던 우리 동네는 금세 황량한 폐허로 변했다. 군인들은 집이 온전한 채로 남아 있으면 반군들이 주민을 가장해 들어와 살다가 언젠가 다시 공격을 하기 때문에, 아예 사람이 살 수 없는 폐허로 만들어야 한다는 전략이었다. 마치 월남전쟁 당시 베트콩을 색출하기 위해 한 마을 전체를 불살랐다고 전해지는 한국군의 전투 이야기와 비슷했다.

나는 데레토 우리 센터 집 정문에 일부러 커다란 대형 태극기와 남수단 국기를 달아 놓았다. 집에 외국인이 거주하는 것을 표시하려는 것이었다. 하지만 이런 것도 나중에 보니 소용이 없었다. 정문에 달아 놓았던 태극기도, 남수단 국기도 다 소실되었기 때문이다.

2장

무정부 상태의 케레피

그로부터 이틀이 지났다. 갑자기 니뮬레에서 코너스톤(Corner Stone) 교회와 고아원을 운영하는 주마 목사가 화려한 비숍(Bishop) 가운을 걸치고 우리 집을 찾아왔다. 군인들도 현지 목회자들은 존경을 하기 때문에, 그는 만일을 위해 화려한 비숍 가운을 걸치고 나타난 것이다. 오랜만에 만나니 반가웠다. 나는 주마 목사에게 우리가 처한 어려움을 호소하면서 거칠게 항의를 했다.

"당신은 이 지역 교회 지도자인데 왜 딩카족 SPLA 군인들과 대화하지 않는가? 당신들 모두 같은 남수단 사람들이 아닌가? 마을이 이처럼 파괴되고 사람들이 죽어가는데, 왜 교회의 지도자들이 죄다 먼저 도망을 갔는가? 지금 당장 군부대 지휘관들과 면담을 해서 이 소란을 그치게 해라."

그는 마음이 착잡한 듯 천천히 말을 이어갔다.

"예…당연히 그렇게 해야지요. 그래서 저도 지금 니뮬레에서 몰리 지역까지 전 지역을 차를 타고 두루 돌아다니면서 모든 상황을 체크하고 있습니다."

하지만 그날 저녁에 니물레로 돌아가던 그는 아주 충격적인 광경을 목격하게 된다. 면소재지인 바게리냐 군부대 검문소에는 군인들이 삼엄한 경비를 하고 있었는데, 어떤 젊은이가 오토바이를 타고 가다가 검문에 걸렸다. 주마 목사도 그 바로 뒤에서 검문 차례를 기다리고 있었는데, 군인은 이 청년에게 뭐라고 하더니 그 자리에서 총으로 쏴서 죽여 버렸다. 그 청년은 우리 옆 동네 무탈라에 사는 젊은 청년인데 아무 이유도 없이 참혹하게 죽임을 당했다. 피를 흘리며 죽어가는 광경을 목격한 주마 목사 역시 혼비백산하여 달아났다.

그날 이후 그는 바로 고아원 아이들을 다 이끌고 국경을 넘어 우간다로 피신을 하였다. 그의 고아원은 니물레에서 제일 큰 미국계 고아원으로, 고아들만 거의 90여 명이 수용되어 있었다. 그는 그 후 우간다 아주마니 지역에 학교와 고아원을 이전 설립하고, 또 교회를 세우며 난민들을 돕는 사역을 왕성하게 하였는데, 불행하게도 작년에 말라리아에 걸려 소천하였다.

대세는 이미 기울어진 운동장이라 어떤 누구의 중재나 노력도 먹히지 않았다. 수십여 명의 동료를 잃은 SPLA 군인들은 복수를 위해 이를 갈았다. 오랜 이슬람 문화에 길들어 있는 이들은 이에는 이, 귀에는 귀, 즉 즉각적인 보복을 해야 화가 풀렸다.

케레피(Kerepi)는 이제 어느 누구의 통제도 불가능한 무정부 상태가 되어 가고 있었다. 술에 취한 군인들은 아무도 없는 빈집의 지붕 함석을 걷어내고 창틀, 대문, 돈이 되는 온갖 것들을 노략질하였다. 특히 값이 나가는 솔라 판넬은 그들의 중요한 노략물이 되었다. 그들은 노획물들을 국경 건너 우간다 시장에 내다 판매하였다. 사실 몇 달씩 월급을 받지 못한 군인들에게 이것은 너무 신나는 전쟁 노획물인 셈이었다.

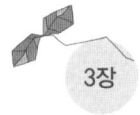

야학 학생들이 피격을 당하다

남수단에 들어가 내가 맨 처음 살았던 케레피 원주민 마을에도 군인들이 들이닥쳤다. 그들은 마구 총을 쏘면서 사람들을 위협하였다. 그 동네에는 우리 케레피 야학의 학생들이 사는 집도 있었다. 이들은 그날 집에서 저녁 식사를 준비하던 중 군인들이 쏜 유탄으로 여학생 두 명이 크게 다치는 사고가 있었다. 한 명은 헬렌이라는 당시 초등학교 5학년 학생이었고, 다른 한 명은 비트레스라는 초등학교 6학년 학생이었다. 초등학생이지만 마디족 아이들은 덩치가 매우 컸다. 헬렌은 등 뒤에 총알이 박혔고, 비트레스는 엉덩이 부분에 총상을 입어 우간다 아주마니 병원으로 긴급 후송이 되었다. 그 후 나는 우간다 아주마니 병원에 입원한 이 아이들을 직접 만나 그날의 위급했던 상황을 직접 생생하게 전해 들을 수 있었다.

이에 놀란 주민들은 더 깊은 숲으로 도망을 갔다. 그들은 모든 것을 다 버려두고 며칠을 걸어서 나일 강에 도착하였다. 그리고 조그만 쪽배 카누를 나누어 타고 강을 건너 쿠쿠족 거주지인 카조케지

(Kajokeji) 지역으로 탈출하였다. 그때까지는 아직 카조케지까지는 반군들이 진입을 하지 않았기에 그들은 무사히 국경을 넘어 우간다 모요 지역으로 피신을 하였다.

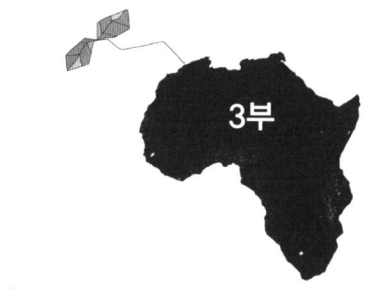

3부

남수단 엑소더스가 시작되다

단기선교팀의 대피

　이제 남수단 내전의 전선은 수도 주바를 제외한 동부, 중앙, 서부 에콰토리아 전 지역의 토릿, 마그위, 문드리, 종글레이 주, 예이, 카조케지, 심지어 북측 어퍼나일 지역까지 전국적으로 확대되었다. 불과 일주일 사이였다. 반군 연합세력은 순식간에 시골 마을들을 점령해 들어갔다. 여기저기서 새로운 전쟁 소문이 들렸다. 생필품 보급로가 차단된 수도 주바에서는 난리가 났다.
　우리 집 앞의 도로는 우간다와의 국경에서 수도 주바를 연결하는 유일한 물자수송로였다. 그런데 이 수송로가 차단되니 수도로 연결되는 모든 생필품 공급이 차단된 것이다. 수도 주바의 물가가 폭등하자 민심이 동요하기 시작하였다. 사람들은 살길을 찾아 대거 피난길에 나섰다.
　이와 동시에 남수단 거주 외국인들에 대한 철수 명령이 떨어졌다. 미국, 영국, 러시아, 심지어 중국인들도 대거 철수하였고, 우간다는 남수단 주둔군인들까지 곧 철수를 한다고 하였다. 특이 우간다인은 남수단 상권의 대부분을 장악하고 있어서 이들이 철수하면 남수단 경제가 마비될 것이 분명하였다. 그 당시 우간다는 많은 우간다군을 파병하였는데, 그 대가로 군인 한 명당 100달러를 받는 걸로 알려졌다. 그러니까 이웃 남수단의 전쟁은 우간다로서는 돈을 벌 수 있는 절호의 기회였다. 전쟁물자들을 팔아먹을 수 있는 좋은 시장이 생겼기 때문이다.

우리는 앞으로의 대책을 두고 고민에 고민을 거듭하다가 선교 팀원 중 다른 선교지를 방문할 계획이 있었던 김대중, 이영학 두 사람을 우선 대피시키기로 결정하였다. 하지만 아직 도로가 안전하지 않았고, 군인들의 약탈 횡포가 심하여 차를 움직이기가 겁이 났다.

그래도 이들을 안전지대로 대피시켜야 했기에, 다음 날 큰 결심을 하고 두 전도사를 차에 태우고 니물레 국경지대까지 과감하게 이동하였다. 온 동네는 쥐 죽은 듯 조용하였고, 차량의 왕래와 인기척이 끊긴 마을에는 적막감이 나돌았다. 운전하는 내내 마음이 불안하고 초조하였다. 케레피에서 니물레 국경까지는 요소 요소에 군인들이 삼엄하게 경비를 하였다. 반군과 전쟁 중이었던 군인들의 눈은 벌겋게 충혈되어 있었다. 아침부터 술을 마셨는지 술냄새가 진동을 하였다. 그들의 눈에는 평소와 다르게 살기가 넘쳤다. 중간 검문소에 군인들이 있었지만 외국인인 나를 보고 크게 시비를 걸지는 않았다.

니물레에 도착하여 출국 수속을 한 후 두 사람은 무사히 우간다로 건너갔다. 마음이 좀 홀가분해졌다. 하지만 이제부터는 장기전을 대비하여야 했다. 나는 어렵게 건너간 우간다에서 쌀과 옥수수 가루, 물, 기타 부식자재들을 잔뜩 사서 싣고 왔다. 그때만 해도 선교지를 철수한다는 건 전혀 생각하지 않았다. 많은 살림살이와 벌여 놓은 사역들, 그리고 모든 것을 버리고 철수한다는 건 상상도 못할 일이었다. 우리 집에는 그런대로 굴러가는 중고 무쏘 차량, 현대 트라제 차량, 그리고 고장이 난 봉고 트럭이 있었는데 이걸 버려두고 떠난다면 이 차량들은 약탈당할 게 분명하였다.

그러는 사이에 남수단에 큰 정치적인 영향력을 행사하는 우간다 정부는 계속해서 자국인들을 대피시켰다. 방송은 연일 외국인의 철수를 독려하였다. 이미 미국, 영국, 중국 등 다른 나라도 자국민을 대거 대피시켰다. 우리나라 역시 마찬가지였다. 우간다 주재 한국대사관에서는 연일 한국인들의 대피 명령을 하달하였다. 이와 함께 많은 외국인들이 남수단을 떠나 탈출길에 올랐다. 나는 주바에 남아 있던 한인회 김기춘 회장과 연락을 하며 상황을 조율하였다. 하지만 의외로 그분들은 주바에 그대로 남아 있겠다고 하였다.

한편, 데레토 우리 집 앞길에는 매일 수십 미터의 오토바이 행렬이 종일 이어졌다. 우간다인들의 탈출 행렬이었다. 대부분 젊은 사람들인데, 이들은 보다보다(오토바이) 일을 하는 사람들과 일용직 노동자들이었다. 주바에서 니물레까지는 약 200여 킬로미터가 넘는 꽤 먼 거리인데, 이들은 매트리스, 살림도구 등을 오토바이에 싣고 전속력으로 달렸다. 차량들이 거의 며칠 동안 꼬리에 꼬리를 물고 국경 니물레로 이동을 하였다. 그들의 앞뒤로는 우간다군의 장갑차와 군용 트럭, 무장군인들이 경호를 하였다. 이들의 철수 정보는 우리 교회당 건축현장의 우간다인 기술자 마틴을 통하여 전달이 되었다.

2장

우간다인 3차 철수

드디어 마지막 우간다인 철수 안내 방송이 나왔다. D-day는 7월 19일이었다. 우간다 무세베니 대통령은 남수단 내의 전 우간다인들에게 전원 철수하라고 명령하였다. 이제 이틀 후면 남수단 난민들의 대량 유입을 막기 위해 우간다 국경을 폐쇄한다는 소문도 나돌았다. 이미 국경에서는 우간다인 외의 남수단 사람들의 탈출은 허용되지 않았다. 이를 모르는 일부 사람들이 국경을 건너가려다가 실패하고 돌아왔다는 소문이 나돌았다. 이 모든 것이 내전 발발 후 단 일주일 만에 벌어진 상황이었다.

마을의 외곽 소식은 우리 집 경비원 찰스가 전달해 주었다. 찰스는 무탈라 마을 출신으로 가족들을 다 대피시키고 홀로 남아 우리 집을 지키고 있었다. 우리 교회 건축공사 현장의 우간다인 기술자 마틴 역시 주바에 있는 우간다 친구들과 통화하며 수시로 정보를 전달해 주었다. 내일모레 우간다인 3차 대철수가 있는데 그 차를 얻어 타고 가야 하며, 만약 이 막차를 놓치면 여기에 갇히게 된다면서 철수를 결심하였다.

나는 우간다 건축 기술자들도 모두 철수시키기로 하였다. 그들과 함께 케냐에서 온 이종호 선교사도 케냐로 돌아가라고 권하였다. 이종호 선교사는 함께 있던 남궁 전도사에게 케냐로 같이 건너가서 자기 집에서 쉬다가 한국으로 가도록 주선해 줄 테니 이번 기회에 함께 대피하자고 졸랐다. 하지만 밤새 고민하던 전도사님은 우리와 함께 남겠다는 결정을 하였다.

"저는 선교사님과 끝까지 함께하겠습니다."

다음 날 이종호 선교사, 우간다인 인부 2명은 난민 탈출 차량을 얻어 타고 우간다로 넘어가기 위해 아침부터 서둘렀다. 짐 보따리를 들고 아침부터 길가에 나가서 대기하였다. 지나가는 피난 행렬의 차량을 얻어 타고 가야 했기 때문이다. 만약 이들이 지나가는 차를 얻어 타지 못한다면 걸어서 탈출하든지, 아니면 돌아와 다음 기회를 노려야 했다.

오전 10시가 조금 지나자, 예정대로 우간다군 전투기가 요란한 굉음을 올리며 낮게 마을 숲 위를 선회하기 시작하였다. 바로 머리 위로 날아가는 비행기는 혹시 숲속에 남아 있을지 모르는 반군들을 향해 무력시위를 하였다. 중무장한 헬리콥터를 포함한 두세 대의 비행기가 편대를 지어 우리 집 바로 위를 낮게 선회하였다. 이 광경은 마치 전쟁 영화의 한 장면 그대로였다. 우리는 두려움과 공포 속에 숨어서 이 영화 같은 한 장면을 주시하고 있었다. 비행기는 숲속의 반군들에게 경고를 보냈다. 낮게 비행하는 헬리콥터에서는 군인들이 아래를 향하여 총을 겨누고 있었다.

수많은 차량과 피난 행렬의 앞뒤로는 중무장한 우간다군 장갑차가 호위를 하였다. 우리는 마틴과 톰, 그리고 이종호 선교사 세 사람이 무사히 차를 얻어 타고 탈출하기만 기도하였다. 나중에 들은 이야기로는 이들 세 사람은 길에서 손을 들고 지나가는 피난 차량을 세웠으나 이미 차량마다 우간다인들과 남수단 난민들이 초만원이라 이들이 타고 갈 빈 공간은 없었다. 다행히 마음씨 좋은 어떤 사람이 차량 지붕 위에 엎드려 가도 좋다고 허락을 하여 간신히 승합차의 루프 캐리어에 매달려 가게 되었다. 아차 하면 지붕에서 떨어질 위험이 있었지만 이들은 죽을힘을 다해 매달려 갔다. 별 다른 방법이 없었다.

덩치가 큰 사람들은 이런 차를 탈 수가 없었다. 차량은 반군들의 기습공격에 대비해 전속력으로 달렸다. 이 때문에 도중에 힘이 빠진 일부 사람들은 차량 지붕에서 떨어졌다. 하지만 어느 누구도 이들을 구하기 위해 정차하지 않았다. 워낙 다급한 상황이라 죽을 사람은 죽고 살 사람은 살아야 했기 때문이다. 전쟁은 이렇게 무섭게 공포감으로 다가왔다.

이것은 그야말로 리얼 스토리, 실제 상황이었다. 나중에 전해 들은 이야기로는 이종호 선교사는 거의 정신이 나간 탈진 상태로 국경에 도착을 했지만 국경 통과를 기다릴 힘조차 없이 쓰러졌다. 그때 긴급 상황을 감지한 우간다 군인들이 외국인이라고 먼저 통과를 시켜 주어서 무사히 우간다로 건너갔다. 그리곤 우간다 경찰들의 특별배려로 여권 심사도 없이 바로 입국이 허용되었다고 한다.

만약 그때 우리 남궁 전도사가 같이 대피한다고 나갔더라면 그들 중 한 명은 분명 차를 타지 못했을 거라고 하였다. 여유 공간이 없었기 때문이다. 이제 와서 보니, 이 모든 것이 정말 하나님의 은혜와 인도하심이었다.

3장

안녕, 데레토…
마지막 철수

우리 집 가까운 곳에 우리나라 천주교 카리타스 수도회에서 파송된 한국인 수녀 팀이 살고 있었다. 이들 가톨릭 수녀 팀은 원래 주바에 계시다가 우리 사역을 보고 주바에서 케레피로 사역지를 변경하신 분들이었다. 이들이 케레피에 세운 유치원, 천주교 사제관 역시 군인들의 첫 번째 약탈 타깃이 되었다. 이 센터는 산속 깊은 곳에 위치하여 일반인의 접근이 꽤 어려웠는데 이곳도 털렸다. 그들의 유치원에서는 미처 개봉도 하지 못하고 쌓아 둔 컨테이너의 건축자재들을 다 도둑 맞았다. 치프리아 수녀가 다급하게 내게 전화를 걸었다.

"선교사님, 우리는 이제 우간다로 철수하려고 합니다. 여긴 아주 위험합니다. 그러니 선교사님도 빨리 철수하세요."

"수녀님, 그런데 저희는 아직 갈 수가 없습니다. 센터를 이대로 포기하고 가면 다 약탈당합니다. 죄송하지만 먼저 가십시오. 저희는 상황을 보고 결정하겠습니다."

"아이구! 피난을 가셔야 될 텐데 어떡하지요? 선교사님, 그럼 부디

몸조심하세요…."

　이런 통화를 하고 나니 갑자기 왠지 모를 불안감이 엄습해 오기 시작했다. '이걸 어떻게 해야 하나…. 우리도 결국 포기해야 하나? 고생 고생을 하며 지은 센터 건물이고, 내가 가진 모든 것을 쏟아 부은 남수단 선교인데…. 그렇게 오래 꿈꾸던 남수단 선교도 이제 여기에서 끝나는구나. 이제 내가 나가면 다시 복귀가 어려울 텐데…나이도 있고, 새로운 선교후원도 기대하기 어려운데…접어야 하나?' 도무지 생각이 정리되질 않았다.

　그날 저녁 나는 정말 더욱 간절히 기도하였다.

　"하나님, 저는 늦은 나이에 주의 부르심에 순종하여 이곳까지 왔습니다. 많은 사람들이 이런 오지선교 힘들다고 말렸는데, 이제 보니 그들의 말이 다 맞는 것 같습니다. 그런데 이제 이곳을 철수하게 되면 이 땅은 이제 끝인가요? 하나님, 다시 이 땅으로 들어오는 건 불가능할 것 같습니다. 그냥 한국에 들어가서 쉴까요? 다시 이 땅에 평화가 온다고 한들 누가 다시 이 전쟁의 땅에 들어올 수 있을까요? 그러니 하나님, 어찌해야 할지 저에게 길을 보여주십시오."

　그러는 중 내 마음속에는 피난을 가더라도 우리는 맨 나중에 가야겠다는 마음이 강하게 들었다. 선교사가 선교지를 버리고 먼저 도망을 갔다는 소리를 듣고 싶지 않았다. 다음 날부터 우리는 태연하게 컨테이너에 있는 교육용 컴퓨터를 꺼내서 영문 윈도우로 교체하는 작업을 했다. 다행히 남궁 전도사가 컴퓨터를 조립하고 만지는 작업을 할 수 있는 자격증을 가지고 있었다. 하지만 통신이 자꾸 두절되어 외부와는 아무런 연락을 취할 수가 없었다.

　그런데 그 다음날, 숲으로 피신했던 케레피 마을의 추장(이장) 존 암바(John Amba) 씨가 갑자기 우리 집에 나타났다. 그 영감 역시 여러 날 제대로 먹지를 못해 몰골이 말이 아니었다. 그래도 반가웠다. 그는 서툰 영어로 현 상황을 설명하려고 애를 썼다.

"아니…피난 가신 분이 이렇게 위험한데 어떻게 여기까지 다시 오셨어요?"

"당신 때문에 지금 한국 대사관에서 난리가 났어요."

"예? 난리라니…왜요?"

"한국 대사관에서 당신을 찾고 있으니 빨리 연락을 해보세요."

"여기선 전화가 도통 안 됩니다. 어떻게 연락을 해요?"

이상하게 내가 가지고 있던 삼성 휴대폰은 잘 안 터졌지만 이장이 가지고 온 구형 노키아 폰은 통화가 되었다. 나는 캄팔라에 있는 이두심 선교사님과 통화를 하여 자초지종을 대충 알 수가 있었다. 그 내용은 이러했다. 한국에 있는 우리 아들이 남수단 내전 발발 소식을 듣고 외교부에 부모님의 생사 확인을 해달라는 메일을 보냈다. 통신이 두절되어 가족들과 그사이 아무런 연락을 취할 수 없었기에 매우 답답한 심정으로 메일을 보낸 것이었다.

대사관에서는 남수단에 있는 모든 교민들에게 이미 긴급 철수 명령을 전달했지만, 내지에서 홀로 사역 중인 우리에겐 연락이 안 되어 대사관에서도 매우 걱정을 하고 있다는 소식이었다. 그러니 더 어려워지기 전에 남수단에서 철수하라는 그런 내용이었다. 나는, 우리는 모두 무사하며, 상황을 정리 후 곧 나갈 것이니 걱정하지 말라고 전하였다.

하지만 다시 고민에 빠졌다. 결국 우리도 피난을 가야겠다는 생각을 하게 되었다. 대사관 직원들에게 피해를 줄 수는 없었기 때문이다. 우리도 그날부터 서둘러 철수 준비를 하였다. 우선 중요한 물건들을 컨테이너로 옮기고, 별로 중요하지 않다고 생각되는 침대, 매트리스, 책 같은 것들만 집 안에 남겨 두었다. 군인들이 가장 탐내는 솔라 배터리와 판넬은 다 뜯어서 컨테이너 박스에 옮겼다. 문제는 차량이었다. 현대 트라제는 구석에 주차하고 배터리를 뺐다. 봉고 차는 이미 고장이 나서 니물레 정비공장에 맡겼는데 어떻게 해야 하나 걱정이 되었다. 전쟁이 나자 가장 먼저 대중교통 운임이 4-5배 올랐다. 운임은 그야말로 부르는 게 값이었다. 다른 물가도 엄청 올랐다.

그때 마을에 용케 남아 있던 어떤 노인 한 분이 우리 집으로 피신을 왔다. 꾀죄죄한 매트리스 하나를 둘둘 말아 들고 왔다. 할아버지는 돈이 없어 피난을 못 갔는데 우리 집이 좀 안전하다고 하였다. 나는 경비원 찰스와 이 노인을 우리 집에 기거하라고 하고 집에 있는 옥수수 가루, 콩, 남은 식량 등을 주었다. 교회에서 사용하던 키보드, 앰프, 마이크, 컴퓨터, 프로젝트 등 중요한 기기만 따로 챙겼다.

그리고 차량의 빈 공간에는 앰프, 카메라, 그리고 중요 서류와 일부 책을 가득 싣고 무사히 국경을 넘었다. 우리가 탈출할 그즈음엔 소요가 좀 잠잠해지고 군인들도 서서히 안정이 되어 가는 듯 보였다. 챙겨온 앰프와 다른 짐들은 모두 우간다 엘레구의 단골 철물점 가게 창고를 빌려 거기에 보관하였다. 하지만 사람들은 모두 어수선하고 정신이 없어 보였다.

뉴마지(New Mazi) 난민 임시수용소

수용소에서
다시 만난 아이들

7월 23일, 우리도 일단 남수단을 빠져나오는 데 성공했다. 케레피 내전이 일어난 지 만 11일 만이었다. 우리 일행은 국경을 통과하여 우간다로 들어갔다. 지친 몸과 마음을 좀 추스르고 싶었다. 이제 내게도 휴식이 좀 필요하였다. 하지만 곧바로 캄팔라로 가서 한국행 비행기를 타기에는 마음이 영 허락하지 않았다.

지난 2010년부터 열심히 준비하고 의욕적으로 시작한 아프리카 남수단 선교였는데, 이렇게 허망하게 문을 닫는다고 생각을 하니 차마 발길이 떨어지지 않았다. 이왕 이렇게 된 거 난민수용소에 있는 우리 동네 주민들과 교회의 아이들에게 마지막 작별 인사나 하고 가자는 생각이 들었다. 그래서 차를 돌려 무작정 난민수용소를 찾아가게 되었다.

뉴마지(New Mazi) 난민 임시수용소는 우간다와 남수단 국경 엘레구에서 그리 멀지 않았다. 하지만 수용소는 이미 그야말로 초만원이었다. 발 디딜 틈이 없을 정도였다. 수용소 담장 밖은 임시 장터로 변했다. 우간다 상인들이 대거 몰려와서 여러 물건을 팔고 있었다. 몸만 빠져나온 난민들은 당장 필요한 생필품을 구입해야 했다. 주로 비누, 설탕, 신발, 그리고 땔감, 의류와 부식 등이었다. 시장터의 상인들은 대목을 만난 듯 신이 났다.

난민수용소는 외부인 출입이 엄격히 통제되어 있었다. 한참을 기다린 끝에 잠시 문이 열린 틈을 타서 잽싸게 안으로 들어갔다. 사람들이 너무 많아 거의 정신이 없었다. 그때 UN 직원이 내게 다가와서 인사를 하며 도움이 필요하면 언제든 이야기하라고 하였다.

수용소 안은 주바, 니물레, 토릿, 몰리, 마그위는 물론 북쪽 종글레이, 말라칼 등등 여러 지역에서 몰려온 남수단 난민들로 북적였는데, 비좁은 임시 막사나 텐트에 이들을 전부 수용하기에는 한계가 있었다. 그런데도 매일 새로운 난민들이 대거 유입되는 중이었다.

잠잘 공간이 없는 난민들은 UN이 지급한 천막지로 움막을 지어 겨우 비만 피하는 정도였다. 아이들이 많은 가정들이 더 힘들었다. 참 마음이 안타까웠다. 가장 어려운 사람들은 장애인들이었고, 또 몸이 아픈 사람들이었다. 수용소 안에서는 이미 지치고 병든 사람들이 하나둘 죽어간다고 했다.

피난민들 중 일부는 남수단에서 키우던 양과 염소, 심지어 돼지를 끌고 온 사람들, 닭과 오리를 가지고 탈출한 사람들도 있었다. 이것들이 그들의 전 재산이었기 때문이다. 그러니 수용소 안은 사람들과 가축이 뒤엉켜 있었다. 특히 물이 태부족하여 거의 2킬로미터 떨어진 어떤 학교의 물을 퍼와서 사용하기도 했는데 씻을 공간이 부족하니 샤워는 엄두도 낼 수 없었다. 사람들의 몸에선 이상한 냄새가 진동을 하였다.

UN은 사람들을 난민촌 입소 순서대로 정리한 후 다시 여러 정착촌으로 보내는 작업을 하고 있었다. 난민들이 가장 선호하는 난민촌은 자기 부족들이 모여 있는 난민촌이었다. 마디족들은 가까운 바게리냐, 그리고 마지(Mazi), 아고조, 보롤리 등으로 배치하였고, 가장 먼 거리인 윰베지역의 비디비디는 서로 안 가려고 하였다. 딩카족은 미리에이 지역, 쿠쿠족, 아촐리 부족은 모요 모로비 난민촌인데, 하지만 나중에는 사람이 워낙 많아져서 무작위로 배치하였다. 이로 인하여 나중에 가족들이 뿔뿔이 흩어져 이산가족이 되기도 하였다. 일부는 가족들의 생사를 몰라 애를 태우기도 하였는데, 이들의 얼굴엔 근심이 가득하였다. 일부 난민들은 불편한 수용소 상황을 항의하며 시위를 하였지만, 그 땅은 남수단 땅이 아니라 우간다 땅이었기에 곧장 출동한 우간다 무장 경찰에 의해 제어가 되었다.

나는 난민 임시수용소에 들어가자마자, 그날 데레토 우리 집에서 총소리가 나자 가장 먼저 잽싸게 줄행랑을 쳤던 경비원 보스코의 행방을 찾았다. 한참을 수소문한 끝에 2킬로미터를 걸어 마실 물을 길어오던 보스코를 찾았다. 그를 통하여 마을 사람들, 특히 우리 교회 아이들과 눈물의 재회를 하게 되었다. 마침 점심 시간이라 급식 배급소에는 많은 사람들이 배급표와 밥솥을 들고 식사를 배급받기 위해 줄을 서 있었다. 식사는 하루 두 번, 옥수수 가루 삶은 것(뽀쇼)과 삶은 콩이었다. UN은 수용소 마당에 수십 개의 솥을 걸고 콩을 삶고 뽀쇼를 만들어 급식을 하고 있었다. 그 규모가 장난이 아니었다.

수용소 안에서도 여유가 좀 있는 사람들은 배급받은 콩에 소금, 양파와 오일을 넣어 2차 가공을 해서 먹기도 하였다. 난민이 너무 많아 소금과 오일을 제대로 넣지 않은 아주 박한 음식을 제공하기 때문이었다. 사람들은 허기만 간신히 면하고 있었다. 이렇게 한 달은 기다려야 거주할 난민촌에 배치가 된다고 하였다. 안조요, 스테반, 기데, 제리마 등 우리 교회 아이들은 내가 찾아가자 눈물을 글썽이며 반가워하였다.

"야! 너희들 모두 다 용케 살아 있구나. 잘 살아서 도망을 왔구나!"

"목사님, 그런데 안조아가 죽었어요…."

누군가 내게 슬픈 표정으로 이야기해 주었다.

"아니, 안조아가 왜?"

"말라리아에 걸렸어요."

우리 데레토 임마누엘 교회 주일학교 성가대원이었던 안조아(Anzoa)는 피난 중에 걸린 말라리아를 치료할 기회를 놓쳐 결국 사망하였다. 초등학교 4학년 여자아이는 그렇게 난민촌에서 그 짧은 생을 마감하였다. '아, 결국 우려했던 일이 생기는구나.' 나는 안조아의 어머니를 만나서 기도하고 특별히 위로하여 주었다.

항상 해맑게 웃고 열심히 예배에 출석하던 안조아의 죽음은 이후 내가 난민사역을 시작하도록 만든 결정적 요인이 되었다. '이대로 그냥 내버려 두면 우리 교회의 아이들 다 어떻게 될지 모르겠구나! 어떤 식으로든 이 아이들을 도와주어야지.' 하나님은 내게 이 말씀을 주셨다.

> "내가 기뻐하는 금식은 흉악의 결박을 풀어주며 멍에의 줄을 끌러 주며 압제당하는 자를 자유하게 하며 모든 멍에를 꺾는 것이 아니겠느냐 또 주린 자에게 네 양식을 나누어 주며 유리하는 빈민을 집에 들이며 헐벗은 자를 보면 입히며 또 네 골육을 피하여 스스로 숨지 아니하는 것이 아니겠느냐"(사 58:6-7).

나는 그날 우선 주머니에 있던 돈을 다 풀어 우리 동네에서 온 사람들에게 2-3만 실링씩(약 6,000-10,000원 정도) 나누어 주었다. 사람들은 이 돈으로 우선 급한 대로 비누와 소금, 설탕 등을 살 수 있었다. 내가 우리 동네 사람들을 도와주는 걸 본 다른 지역에서 피난 온 난민들은 이들을 매우 부러워하였다. 모두에게 도움을 주었으면 좋았을 텐데 그러지 못해 매우 미안하였다. 다 같은 난민들 처지인데….

7월 25일 우리는 다시 모요(Moyo) 지역으로 향했다. 그곳의 또 다른 난민촌을 둘러보기 위해서였다. 아주마니에서 모요 지역까지는 나일 강 페리호를 타고 건너야 했다. 이 페리는 두 지역을 오가는 사람들과 피난민들로 초만원이었다.
이보아(Iboa)는 라로피 선착장에서 남측으로 약 30여 분 거리의 시골 마을로, 급격히 늘어나는 난민들을 수용하기 위해 새로운 난민촌을 건설 중이었다. 그 난민촌을 둘러보고 돌아와 페리를 기다리는데 갑자기 아내가 소리쳤다.
"아니? 저기 안모꼬(Anmoko)가 가네요."
"안모꼬가 어떻게 여기까지…?"
아내는 터덜거리며 걸어오는 수십 명의 피난민 행렬 중에서 우리 남수단 케레피 야학의 학생을 발견한 것이다. 안모꼬는 케레피 마을 우리 바로 옆집에 살던 학생이었다. 그해 막 고등학교에 입학한 아이였다. 그리고 우리는 함께 걸어오는 케레피 마을 사람들도 만날 수 있었다. 이들 그룹들은 케레피에서 몰리안드로 지역으로 걸어간 후 밤에 나일 강을 건너 쿠쿠족들이 사는 카조케지(Kajokeji) 지역으로 탈출하여 국경을 넘은 케이스였다. 이들은 모두 거의 일주일을 아무 것도 먹지 못해 배가 고프다고 하였다.
"아유, 말도 마세요."
안모꼬가 한숨을 쉬며 이야기하였다. 함께 온 우리 이웃에 살던 사람들도 거들었다. 며칠을 먹지 못하여 눈이 퀭하니 들어가 있었다. 깡마른 사람들의 눈에는 불안과 초조, 그리고 안도감이 교차하였지만 피난보따리 하나 없이 몸만 겨우 탈출한 터라, 앞으로 어떻게 살아갈지 내가 오히려 마음이 타들어갔다.

"사람들이 다들 니물레 지역으로 피난을 왔는데 너희는 왜 어렵게 나일 강을 건너 테레케가로 건너갔니?"

"니물레로 육로로 이동하는 게 훨씬 더 어려웠어요. 우선 차량이 없고, 돈도 없고, 길이 더 위험했습니다."

"그래서? 어떻게?"

"우리 마을 사람들은 밤새도록 밀림 숲을 걸어서 나일 강으로 왔고, 거기서 작은 쪽배를 여러 번에 걸쳐 나누어 타고 강을 건넜습니다."

"먹을 것도 없고, 그야말로 죽기 아니면 살기로 걸었지요."

"아이구, 어쩌나!"

나는 급히 길거리 노점에서 파는 기름에 튀긴 밀가루 빵을 사서 이들에게 나누어 주었다. 수십 명의 사람들에게 이는 턱없이 부족하였지만 길거리 노점에서 파는 빵은 그게 전부였다. 이들은 강을 건너자 대기하고 있던 유엔 호송 트럭을 타고 뉴마지 임시수용시설로 이동하였다. 그제야 이들의 얼굴에 안도의 표정이 역력해졌다.

그런데 이들이 대피 경로로 사용한 쿠쿠족이 사는 카조케지(Kajokeji) 지역 역시 그로부터 두 주 이후 대대적인 반군의 공격이 있었다. 이로 인하여 수만여 명의 쿠쿠족 난민들이 모요 국경을 넘어 모로비, 폴로리냐 등 모요 지역으로 넘어오게 된 것이다. 조금만 늦었으면 이들도 그 안에 갇힐 뻔하였다.

흩어진 난민 그룹

이어서 우리는 난민본부가 있는 아주마니 타운으로 향했다. 당시 아주마니 타운은 남수단 각처에서 몰려든 난민들로 온통 북적였다. 덩달아 시중 물가도 많이 올랐다. 이들 남수단 난민들은 크게 세 부류로 나뉘었다. 지금까지는 남수단 한 지역에서 어울려 함께 살던 이웃들이었지만, 이제는 여러 지역으로 뿔뿔이 흩어지게 되었다.

첫 번째 그룹은, 부유층이나 또는 직위가 있는 고위층들이다. 이들은 피난 나올 때 가지고 온 돈이 있으므로 난민촌에 입소하지 않고 우간다 수도인 캄팔라로 이동하였다. 그들은 거기에서 자녀들을 도시의 학교로 보내는 등 이전보다 훨씬 더 편안하고 좋은 환경에서 살게 되었다.

두 번째 그룹은, 우간다 북부의 큰 도시 굴루(Gulu) 혹은 난민본부가 있는 아주마니(Adjumani) 타운에 집을 얻어 살아가는 사람들이다. 이들은 소규모 자본으로 개인 비즈니스를 시작하거나 남수단에서 하던 그대로 사업을 하며 살아간다. 이들 중에는 비즈니스에 아주

능한 쿠쿠족이나 아촐리 부족들이 많았다. 니물레에서 사업을 하던 에티오피아 사람들도 굴루로 이동하여 사업을 재개하거나 일부는 난민들을 대상으로 장사를 하였다. 이러다 보니 아주마니 타운은 집세가 갑자기 껑충 뛰었다.

세 번째 그룹은, 그야말로 순수 난민들이다. 가진 것 없는 가난한 일반 서민층이다. 대부분 고아와 과부, 여자들이고, 오도 가도 못하는 그런 사람들이었다. 이들은 UN이 지정해 주는 난민촌에 들어가서 나누어 주는 3장의 유니세프 천막 매트를 이용하여 가족이 살 집을 지어야 하고, 텃밭을 일구어 농사를 지어야 했다. 대부분의 난민들이 이에 해당한다. 이들이야말로 진정한 도움이 필요한 난민들이다. 그런데 난민이 되면서 이런저런 이유로 가족들과 헤어진 이산난민들도 많았다. 우리는 부모, 형제의 생사를 모른 채 서로 애를 태우는 많은 사람들을 만났다. 그뿐만 아니라 남편은 남편대로, 아내는 아내대로 피난을 떠나와서 아예 가정이 통째로 깨어진 경우도 많이 생겼다.

하지만 안타깝게도 우리는 그곳에 더 이상 머물 수가 없었다. 서둘러 캄팔라로 향했다. 한국으로 나가야 했기 때문이다. 캄팔라에 도착한 우리 3명은 부에렝가에 있는 모든민족신학교(ANTS) 게스트하우스에 머물렀다. 일주일 동안 지친 몸과 마음을 좀 쉬고 한국으로 나가라고 김종우 선교사님께서 특별히 배려해 주셨다. 사실 당시 내 몸 상태는 거의 최악이었다. 거의 정신력으로 버티고 있었다. 나는 어느새 몸도 맘도 만신창이가 된 난민이 되어 있었던 것이다.

3장

다시 데레토에 들어가다

　게스트하우스에서는 함께 남수단 선교를 하던 김종우 선교사님과 이두심 선교사님께서 많은 신경을 써 주셨고, 다른 한국인 선교사님들도 난민이 된 우리를 반갑게 맞이해 주셨다. 하지만 잠이 통 오질 않았다. 데레토 우리 집에 남겨둔 짐들과 자동차 때문이었다. 오래된 중고 차량이긴 하지만 그래도 굴러가는 건데 이걸 반군들에게 그대로 넘겨줄 수는 없었다. 그리고 생각해 보니 우리 집 방 안에 중요 계약서도 그대로 두고 나왔는데 그게 또 마음에 걸렸다. 그냥 두면 나중에 다시는 못 찾을 것 같았다.
　한국 출국 이틀 전. 나는 결국 남수단에 다시 들어가기로 결심을 하였다. 이번에 못 가면 평생 후회할 것 같았다.
　"아무래도 남수단에 다시 들어갔다 와야겠어요. 자동차 때문에…."
　식사를 하면서 아내에게 이야기를 하였다. 모두 눈이 둥그레졌다.
　"왜요? 무슨 소리예요? 미쳤어요? 그냥 잊어버려요. 다시 갈 수도 없을 뿐 아니라 그걸 어떻게 다시 가지고 나와요? 잘못하면 당신 죽어요. 비행기 출발이 내일 모레인데, 만약 당신이 들어가서 잡히면 우리 한국으로 어떻게 나가요?"

"그래도 중요한 건데, 가액으로 치면 모두 1,000만 원어치 넘는데…너무 아깝잖아."

"선교사님, 제발 가지 마세요…."

함께 있는 남궁 전도사도 만류하고 김종우 선교사님도 만류하였다.

"거긴 정말 위험합니다."

"야간 버스 타고 아침에 국경 건너면 다녀올 수 있습니다. 차량과 짐을 옮기고 야간 버스로 다시 돌아올 수 있어요. 그러면 귀국행 비행기를 탈 수 있습니다."

모두가 말렸지만 나는 8월 7일, 캄팔라 한인교회에서 주일 예배를 드린 후 바로 국경도시 엘레구(Elegu) 행 야간 버스를 타기 위해 무작정 버스 터미널로 갔다. 야간 버스는 밤 10시에 출발했다. 원래 이 버스는 남수단 주바까지 운행하는 국제 버스인데, 지금은 전쟁 중이어서 우간다 엘레구(Elegu)에서 일단 스톱하였다.

버스는 밤새도록 달려 예정대로 새벽 5시에 도착하였다. 사람들이 다 내렸지만 나는 특별히 갈 곳이 없어 국경문이 열리는 아침 6시까지 차 안에서 기다렸다. 그때 새벽 날씨는 몸이 덜덜 떨릴 정도로 추웠다.

그런데 한창 내전 중인 남수단 국경을 다시 넘는다는 건 정말이지 큰 모험이었다. 국경검문소는 예정대로 새벽 6시에 오픈되었다. 니물레 다리 위에서 남수단 군인들이 일일이 여권 등 서류를 체크하고 있었다. 손전등으로 얼굴을 비춰가며 여권과 대조하였다. 아침 7시에 남수단으로 건너갔다. 출입국사무실은 아직 문도 열지 않았다.

나는 택시를 하나 수배하였다. 그런데 어느 누구도 치열한 전투가 벌어진 케레피 지역으로 가려고 하지 않는 것이었다. 그때 어떤 기사가 자신이 갈 테니 돈을 많이 달라고 하였다. 여기서 주바로 가려면 고돈 힐 체크포인트에서 다시 비자 검사를 받아야 했다. 비자가 없거나 수상한 사람은 여기서 경찰이 체포하거나 구금했다. 나는 출입국사무소를 경유하지 않아서 남수단 입국 비자 스탬프를 찍지 않았기 때문에(만약 갔더라도 전쟁 중이라고 입국 허가를 해주지 않았을 것이다) 여기서 걸리면 어떤 낭패를 당할지 몰랐다. 그런데 그럴 생각을 할 겨를도 없었다.

그런데 참 이상하게 그 군인은 내 얼굴을 보더니 그냥 통과시켰다. '아이구 하나님….' 가는 도중 처참하게 파괴된 로아, 바게리, 케레피 등 길가의 동네 마을들을 실제 다시 들러 보니 만감이 교차했다. 무사히 데레토 우리 센터에 도착해서 서둘러 짐을 다시 챙겼다. 차량에 카메라, 컴퓨터와 중요 서류 등을 챙겨 넣고 다시 급히 차를 몰아 우간다로 되돌아왔다. 자동차는 굴루의 선교사님 댁에 맡기고, 굴루에서 다시 야간 버스를 타고 서둘러 캄팔라로 돌아왔다. 게스트하우스에는 다음 날 새벽 두 시가 넘어 도착을 하였다. 아내는 그때까지 잠을 자지 못하고 기다리고 있었다.

그날은 한국 출국일인데 하마터면 비행기를 못 탈 수도 있는 상황인지라 남아 있는 사람들 모두 거의 초긴장 상태였다. 무슨 특공대원도 아니고 하루 동안에 남수단을 다녀오다니…. 지금 생각하니 이건 아무래도 멍청한 짓을 한 것 같았다. 하지만 덕분에 나는 약 1,000여만 원을 건졌다. 나중에 우리 집이 전부 약탈당한 것을 보니 이것은 정말 하나님의 은혜였다. 감사하게 우리는 그날 오후 3시에 출발하는 한국행 비행기를 무사히 탈 수 있었다.

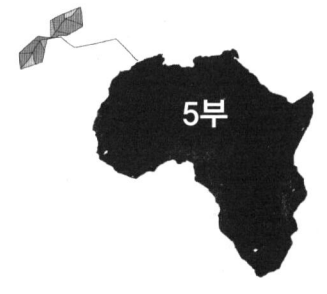

5부

케레피 레인보우 프로젝트

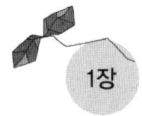

케레피(Kerepi) 마을 이야기

남수단에는 무려 60여 부족이 넘게 살고 있다. 숨어 사는 소규모 부족까지 치면 거의 200여 부족이 넘는다고도 한다. 따라서 이 땅의 선교는 각 부족 단위의 선교가 가장 효과적이고 합리적이다. 〈울지 마 톤즈〉로 잘 알려진 천주교회의 (고)이태석 신부의 선교지는 북쪽 톤즈 지역의 딩카족 마을이었다.

나는 먼저 바리(Bari)족 거주지인 주바 외곽의 디제리(Digeri)를 첫 사역지로 삼았다. 이곳에 초등학교를 짓기로 하였다. 디제리는 주바 근교 나일 강변에 위치한 참 아름답고 조용한 마을이었다. 잔잔한 나일 강 지류가 흐르고 있어 그물을 던지기만 하면 많은 물고기가 잡히는 그런 시골 마을이었다.

모든 준비를 마치고 초등학교 착공식을 하기 전날, 수단 카르툼에서 귀환한 이 마을 장로 한 사람이 수용할 수 없는 조건을 제시하였다. 그는 마을 아이들의 전액 무상교육을 주장하였다. 이건 나중에 상당한 문제가 생길 수 있어서 우리는 격론 끝에 이 지역 사역을 포기하게 되었다. 그리고 다음 후보지인 남측 우간다 접경에 위치한 마디족 거주지 케레피로 향했다.

케레피 지역은 센터를 중심으로 데레토, 이콰, 보롱골레 등 7개의 작은 마을로 구성되어 있다. 케레피는 면 소재지이고, 데레토는 마을(리) 단위로 보면 된다. 마디족들은 원래 오파리(Opari)와 몰리안드로 등 깊은 숲속에 숨어 살며 대대로 농사를 짓던 아주 순박한 사람들이었다. 그러나 20년 전 북수단 이슬람과의 내전이 터지자 같은 마디족들이 사는 우간다 아주마니로 피신하여 난민촌에서 거의 15년 긴 세월 동안 난민 생활을 하던 사람들이었다.

20여 년에 걸친 오랜 내전이 2005년도에 종식되고 남쪽 흑인들만의 자치 정부가 수립되자 이들 부족 대부분은 우간다 난민촌에서 다시 고향으로 돌아왔다. 유엔에서는 이 귀환민들을 깊은 숲속 마을이 아닌 국도변에 살도록 우선 조치를 하였다. 언제 다시 있을지 모르는 수단군의 재침략에 대비하고 만일의 긴급상황 시 대피시키기 위해서였다.

유엔은 마을에 우물을 파주고 학교도 지어주고 정착을 유도하였다. 이렇게 주민들을 한 곳에 모은 이유는, 지역 곳곳에 매설된 지뢰 때문에 안전한 지역을 택해 이주시킨 것이었다. 마을 사람들은 다시 조국에 돌아왔다는 설렘과 기대감으로 모두 열심히 마을을 재건하였다. 이들은 그동안 우간다에서 배운 새로운 지식들을 그들 마을에 접목시키며 새로운 꿈에 부풀어 있었다.

2011년 7월에 남수단이 새로운 나라로 독립되자 유엔은 마을 앞 도로인 니물레-주바 간 국도를 가장 먼저 확장하고 포장을 해주었다. 남수단 재건에 필요한 물류 수송로를 확보하기 위해서였다. 이로써 케레피 마을은 당시 남수단에서는 보기 드물게 2차선 포장도로가 지나가는 마을이 되었다. 우리로 말하자면 마디족들의 신도시였던 셈이다.

하지만 일부 국도변으로는 북수단과의 전쟁 당시 매설된 지뢰들이 많이 있었다. 무턱대고 농사 짓는다고 숲으로 땅을 개간하러 들어가다 지뢰 폭발로 다리를 잃은 사람들도 많았다. 내가 들어간 당시에도 미국의 지뢰제거팀들이 거의 매일 지뢰제거 작업을 했다. 발견한 지뢰를 폭파할 때면 도로가 전면 차단되어 국도가 몇 시간씩 막히기도 하였다.

우간다와의 국경도시 니물레에서 고던힐(Gordon Hill)을 지나 주바로 가다 보면 중간에 나일 강 지류인 아츄아 리버(Achwa River)가 나온다. 우기 때 나일 강의 물이 넘치게 되면 이 강에서는 물고기가 많이 잡힌다. 나는 언젠가 이 강에 그물을 내려서 엄청 많은 물고기를 잡은 적이 있었다. 아츄아 리버는 6·25 전쟁 때의 우리나라 낙동강 전선처럼 당시 남부수단 최후의 방어 전선이었다. 강 북측에는 수단군이 대거 진주하고, 강 남측에는 우간다와 남측 연합군이 포진하여 최후의 일전을 벌였다. 우간다 국경 니물레까지 불과 몇 킬로미터 남았는데, 미국과 우간다군의 개입으로 수단군을 극적으로 막아낸 곳으로 잘 알려져 있다. 이 전쟁의 흔적은 바로 옆에 고스란히 남아 있었다.

강 언덕 위에 있는 '아츄아 병원'은 당시에는 아주 큰 종합병원이었다. 그런데 내가 그곳을 찾아갔을 때 보니 그 큰 건물이 폭격으로 겨우 앙상한 뼈대만 남아 있었다. 주변의 큰 마을이 완전 황폐화되었고, 주민들은 모두 마을을 버리고 도망을 갔는데, 그 전쟁의 흔적이 그대로 남아 있었다. 불행히도 주변은 대규모 지뢰 매몰지역으로 민간인 출입이 금지된 지역이었다. 하지만 사람들은 이 틈을 비집고 들어가 농사를 짓는데, 주위에는 땅속에서 수거한 녹슨 박격포 포탄과 소총 탄피가 수북하였다. 이 지역은 지뢰를 완전히 제거하지 않는 한 어느 누구도 들어가 살 수 없는 버려진 땅이 되어 버렸다.

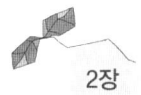
2장

혼돈의 땅에
선교기지를 세우다

　남수단은 입국 절차가 매우 복잡하다. 우리나라에는 대사관이 없어 주바 공항으로 입국하려면 사전에 미리 입국허가증을 받고 공항에서 비자를 얻는 복잡한 절차가 있다. 하지만 독립 초기의 남수단은 분명 정상적인 나라라고 보기는 어려웠다.

　독립 초기 남수단의 도로는 온통 먼지투성이였다. 포장이 안 되어 비가 오면 시내는 온통 물바다가 되었다. 당시 시내에는 공중 화장실이 거의 없었다. 식수는 나일 강물을 펌프로 퍼서 그대로 각 가정에 배달했다. 이 물은 또 시장이나 호텔 등에도 그대로 공급을 하는데, 그런 물로 만든 음식을 먹어도 탈이 안 나는 게 신기하였다.

　그 당시 주바 시내의 도로 포장률은 거의 5퍼센트 정도 되었을까? 세계 각국의 여러 NGO 단체, 사업가들, 기업인들이 대거 몰려들어 마치 이 땅의 석유와 부를 선점하기 위해 싸우는 서부 개척시대를 보는 듯하였다.

　시내의 호텔은 방이 없어 좁은 방 하나에 침대를 두 개씩 넣고 손님을 받기도 하였고, 일부는 호텔 공터에 텐트를 치고 손님을 받기도 하였다. 이른바 텐트 호텔의 숙박비도 보통 하루 100달러가 넘었다. 나는 이름만 호텔인 허름한 컨테이너 호텔을 빌려 하룻밤에 100달러를 지불하며 사역을 시작하였다. 이 호텔의 객실 룸은 전부가 간이 컨테이너로 지어졌다. 발전기를 이용한 전기가 하루에 두 시간씩 들어오지만 마치 허름한 창고 같은 곳이었다. 그래도 이 호텔에는 에티오피아, 우간다, 케냐 등 아프리카 각국에서 몰려온 노동자들로 붐비고 있었다.

수도 주바에는 매일 아침 나일 강변에서 물을 펌프로 싣는 물탱크 차량들이 즐비하게 늘어서 있고, 탕탕거리는 펌프 소리가 시끄럽게 진동을 했다. 그리고 물탱크 차량들은 쉴 새 없이 물을 가정으로 공수해 날랐다. 당시 물 한 탱크의 값은 거의 100달러 수준이었다. 식당에서 사용하는 취사용 물도 역시 이 강물이었다. 가난한 일반 가정들도 이런 물을 사용하였다. 펌프가 없거나, 있어도 물을 길어 오기 힘들기 때문이었다. 나일 강엔 상류에서 떠내려온 온갖 오물들과 수초, 그리고 폐기물 등이 가득한데 이 물을 펌프로 퍼올려 호텔에 공급하는 것이었다.

밤에 샤워를 하고 머리를 감을 땐 어두워서 잘 모르지만 양치를 하면 입안에 모래가 고였다. 그리고 호텔에서 양말을 빨아서 널고 아침에 보면 뽀얀 황토 먼지가 퍽퍽 올라왔다.

'아…여기가 정말 아프리카구나….'

이런 땅에서 선교사역을 하는 것은 바로 오지 생존 체험이나 다름없었다. 남수단 주변국가인 우간다, 케냐, 에티오피아 등지에서 많은 선교사들이 남수단은 아직 아니라고 한다는 이야기가 들렸다. 내가 묵었던 나일 강변의 컨테이너 호텔 지배인은 얼마 전까지 어떤 한국인이 한 달여간 이 호텔에 머물렀다고 하였다. 그래도 이 호텔의 야외 카페에는 저녁마다 많은 사람들이 모여서 술 마시고 춤추며 놀고 그러는 것 같았다. 아침이면 카페에 술병과 쓰레기들이 가득하였다.

　이렇듯 각종 인프라가 갖춰져 있지 않은 세계에서 가장 가난한 신생국 남수단의 수도는 무질서와 혼돈 그 자체였다. 또한 그 속에는 인간의 원초적인 탐욕과 본능들이 판을 칠 수밖에 없었다. 아프리카 여러 나라에서 일용직 근로자들이 몰려왔다. 그들에게 당시 남수단은 기회의 땅이었다. 유엔의 대규모 원조나 NGO들이 뿌리는 달러로 공산품이나 일반 물가가 무척 비쌌다. 그 틈에서 사람들이 살아간다는 것 자체가 신기하였다. 반면에 순진하고 배우지 못한 남수단 시골 사람들을, 이 외국인들은 그 얄팍한 지식으로 속이곤 하였다. 특히 우간다 사람들은 초기 남수단의 상권을 거의 다 장악하고 있었다.

　독립 당시 남수단 사람들은 모두 새로운 꿈에 부풀어 있었다. 새 나라를 건설한다는 자부심, 그리고 이제는 잘살 수 있을 거라는 기대감이 있었다. 그런데 이를 이용하여 부를 축적하려는 사람들의 이기심 등은 순수하게 선교의 열정으로 홀로 오지에 뛰어든 내게 엄청난 충격으로 다가왔다.

　하지만 당시 주바 시내는 사진촬영 금지구역이었다. 멋모르고 카메라를 눌렀다가는 경찰이 어떻게 알고 쫓아와 찍은 사진을 다 검열하고 삭제를 요구하였다. 그냥 신기해서 찍었다고 해도 소용이 없었다. 사진을 찍으려면 상부의 사진 촬영 허가를 받아오라는 이야기였다. 상식이 통용되지 않는 나라였다. '무슨 나라가 이래?' 나는 하루에도 몇 번씩 자신에게 되물어보며 원시 아프리카에서 생존하는 법을 배워 나가야 했다.

　당시 주바 시내에는 가끔씩 실오라기 하나 걸치지 않은 벗은 몸으로 거리를 활보하는 성인 남자들이 보였다. 거의 두세 명 넘는 것 같았다. 키가 장대같이 크고 시커먼 흑인 남자가 벌거벗은 몸으로 비를 맞으며 거리를 마구 다니는 걸 상상해 보라. 그런데 경찰이나 주변 어느 누구도 제지하거나 막는 사람이 없었다. 주변 사람들은 아예 관심도 주지 않았다. 호기심과 두려움으로 그런 모습을 한참 동안 살펴보았는데, 전쟁이 사람을 저렇게 미치게 만드는구나 하는 생각에 마음이 참 답답하였다.

2012년 12월, 나는 다시 남수단에 입국하여 성탄절을 그곳에서 보내야 했다. 연말이어서 수도 주바의 치안이 무척 불안하였다. 아프리카는 항상 성탄절과 연말을 전후해서 물가가 폭등하고, 도둑과 강도가 기승을 부렸다. 하지만 이미 정해진 선교 프로그램 때문에 이것저것 따질 경황이 없었다. 건기의 주바는 무척 더웠다. 우간다 캄팔라가 해발 고도 1,200미터인 데 비해, 남수단 주바는 550미터에 불과하다. 건기에는 한낮 기온이 거의 40도에 가깝게 오른다. 마른 땅에서 솟아나는 적도하의 열기는 거의 숨쉬기가 힘들 정도이다. 그래도 일부 사람들은 검정 양복의 정장을 하고 넥타이를 매고 일을 하기도 한다.

성탄절 예배는 주바 타운 남측에 위치한 서민주택 밀집지역인 구델리(Gudeli)에 있는 작은 교회에서 드렸다. 하지만 아주 특별한 성탄절 예배를 기대하고 갔던 나는 이날 예배에 무척 실망하였다. 여기저기에서 온 집안 친척들과 함께 성탄절을 즐기느라 교회에 모인 사람들은 별로 없었다. 가난한 이 교회는 아이들에게 사탕 하나도 나누어 주지 못했다. 1년 중 유일하게 밥과 고기를 먹을 수 있는 성탄축제여서 가난한 아이들의 기대는 남달랐지만 교회가 이들에게 해줄 수 있는 건 없었다.

성탄절은 이 나라의 큰 명절이라 아무리 가난해도 부모는 아이들에게 쌀밥을 먹이고 소고기, 생선 등을 사준다. 돈이 없어도 자기 자녀들에게는 새 옷을 사주는 풍습이 있다. 이날만은 아이들도 매일 먹어 지겨운 옥수수 죽이나 뽀쇼을 먹지 않아도 된다. 이들이 성탄절을 해피 크리스마스로 부르는 이유이다.

성탄절 예배를 마치자 나는 곧바로 내 사역지가 될 동부 에콰토리아 주의 케레피 마을로 들어갔다. 차량이 없어 렌터카 회사에서 차를 하나 빌렸다. 그리곤 시장에 들러 필요한 최소한의 살림도구들을 장만하였다. 시골 마을에서 혼자 살아갈 살림도구가 하나도 없었기 때문이다.

이건 완전한 맨몸으로 부딪히는 개척 선교였다. 우선 1인용 침대, 매트리스, 밥솥, 밥그릇, 플라스틱 양동이, 수저, 스푼, 컵, 가스레인지 등 필요한 살림살이인데 대부분 조잡한 중국제 물건들이었다. 하지만 이 마을에 선교기지를 만들어야 했기에 외부의 환경적인 어려움은 별 문제가 되지 않았다. 이 정도는 능히 이겨낼 수 있다고 생각했다.

이렇게 대충 가재도구들을 장만한 후 마디족 원주민 마을 케레피에서 나 홀로 2013년 새해를 맞았다. 이제부터 본격적으로 일을 해야 했다. 이곳 사람들도 보통 12월 20일부터 새해 1월 5일까지는 신년 휴무이다. 크리스마스 연휴가 길게 이어지는 셈이다. 하지만 가난한 시골 마을 사람들은 특별한 신년 행사가 없었다. 그저 쉬고 노는 일이 전부였다.

내가 임차한 주택은 월세가 300달러였다. 수도도, 전기도, 담장도 없는 그런 시골 주택 치곤 무척 비쌌다. 마을의 주택들은 대부분 흙과 나무, 그리고 갈대를 이용한 투쿨(Tukul)로 불리는 둥근 오두막집들이 전부였기 때문에 외국인이 살 만한 집 자체가 아예 없었다. 이런 어색한 낯선 환경은 나를 참 서글프게 만들었다.

마을에서 제법 그럴듯하게 지은 주택들은, 예전에 수단과의 전쟁을 피해 우간다 난민촌으로 들어가 있다가 난민 자격으로 호주나 미국, 네덜란드 등으로 이민을 간 친척들이 송금한 돈으로 지은 주택이었다. 이 마을에는 오래전 이렇게 외국으로 이주한 사람들이 있었다. 그들은 이제 외국에서 번 돈을 고향으로 송금하여 친척들을 먹여 살린다.

사람들은 그 돈으로 차량도 구입하고 오토바이를 사기도 하고 사업을 하기도 했다. 외국에 이런 친척이 한 명도 없는 주민들은 가난하게 살아가야만 했다. 아이들은 왜 그리도 많은지, 집집마다 거의 10여 명이 넘었다.

우리 집에는 우물 펌프가 없었다. 사용할 물은 동네 한가운데에 있는 공동 펌프장에서 20리터 물통으로 매일 5-6통씩 길어와야 했는데, 이게 보통 일이 아니었다. 물 길어 오는 일은 거의 아이들이나 여자들의 일인데, 가끔 외국인이 우물가에서 펌프질을 하니 사람들은 무슨 외계인을 보는 듯 모여들어 구경을 하였다. 그런데 한국에서 물을 펑펑 사용하다가 20리터 한 통의 물로 샤워하고 머리를 감고 다 하려니 이게 처음에는 무척 어려웠다. 하지만 생명 같은 물을 마구 펑펑 사용하면 마을 주민들이 무척 화를 냈다.

물도 물이지만, 이 시골 마을에서는 도통 먹거리를 살 수가 없었다. 마켓에서 파는 거라고는 설탕과 바짝 마른 양파, 그리고 소금과 식용유 등이 전부였다. 어쩌다 강에서 잡은 마른 멸치도 나오는데 냄새가 무척 심하게 났다. 아침 식사는 거의 매일 라면에 풀풀 날리는 파키스탄 쌀로 밥을 지어 말아 먹는 게 전부였다.

우리 AIMS의 남수단 선교기지는 이렇게 아프리카 식으로 어렵게 출발을 하게 되었다.

드디어 2013년 새해가 밝았다. 1월에 박용탁 전도사가 이끄는 ACTS의 태권도 선교팀(TIA) 7명과 선교학과 주축의 단기선교팀 3명, 배정환 목사님 등 선교팀 일행이 케레피로 들어왔다. 이 선교팀은 케레피에서 첫 전도집회를 열었다. 우리 선교팀은 지역에 최초로 들어온 외국인 선교팀이었다.

첫 남수단 전도집회는 아주 성공적으로 마무리되었다. 집 뒤의 케레피 차일드 호프 초등학교 운동장을 빌린 전도집회를 위하여 우간다의 루힌다 목사와 코니 목사도 건너와서 합류를 했다. 두 사람은 거의 20여 년간 신학교 학생 때부터 나와 친분이 있던 친구들로, 특히 루힌다는 내가 양아들로 키운 학생이었다.

집회가 열리자 주변에서 많은 사람들이 몰려들었다. 아프리카 대중 집회에 능숙한 루힌다 목사가 사회를 보고, 존 코니 목사와 하늘정원교회의 배정환 목사님이 말씀을 전하였다. 처음 접한 찬양과 기도, 그리고 신나는 찬양과 춤이 어우러진 집회가 끝나고 야간에는 영화 상영이 있었다. 마디어로 된 예수 영화인데 디젤 발전기 소음이 너무 커서 잘 들리지 않는 게 흠이었다.

다음 날에 한 태권도 선교팀의 활약은 더 많은 사람들의 관심을 끌었다. 화려한 태권도 퍼포먼스는 남수단 사람들에게 우리의 존재를 알리기에 충분하였다. 하지만 젊은 태권도 선수들이라고 풍토병 말라리아가 비켜가지는 않았다. 팀원들 중 자매 두 명에게서 먼저 말라리아 증상이 나타나기 시작하였다. 머리가 아프고, 고열에 설사가 동반되는 장티푸스 증상인 말라리아 타이포이드(Malaria Typhoid)였다. 이 병은 단순 말라리아와 달리 고열과 설사를 동반하기 때문에 훨씬 고통스럽다. 자매들은 아무것도 먹지 못하고 누워 있었다. 모두 이런 경험이 처음이라 덜컥 겁이 났다. 맨 처음 자매들 두 명, 그리고 태권도 팀원들 전부, 그리고 다른 팀원들까지 줄줄이 말라리아에 노출이 되었다. 한 명을 제외하곤 8명 모두 쓰러져 방에 드러눕게 되었다.

날씨는 덥고, 물도 충분하지 않고, 위생도 안 좋은 상황이라 우리 모두가 긴장하였다. 지금도 그때만 생각하면 끔찍하다. 다행히 우리를 돕기 위해 온 현지인 친구가 주사를 놓을 줄 알아 약을 처방하고 주사를 놓으면서 좀 잠잠해졌다.

하지만 마지막으로, 팀장으로 온 박용탁 전도사가 귀국행 비행기를 탈 때부터 머리가 아프고 열이 난다고 하더니 결국 대형사고로 이어졌다. 모기에 물리면 물린 자국이 붓거나 가려워 긁게 되는데, 자꾸 긁다가 그만 피부 감염이 생겨 상처 부위가 곪게 되었다. 그는 결국 병원에 입원하여 허벅지의 곪은 부위를 도려내고 다른 살을 이식받는 수술까지 받았다.

하마터면 목숨까지 잃을 뻔한 대형사고였다. 이 사고로 아프리카 사역이 만만치 않음을 다시 깨달았다. 문제는 그 이후 남수단으로 선교 오겠다는 사람이 한 명도 없게 되었다.

3장

나는 케레피 마을의 이방인

어쨌든 나는 케레피 마을이 생긴 이후 마을에 들어온 최초의 외국인이었다. 언제부터인가 마을 청년들은 나를 보며 "Kerepi Boy"라고 불렀다. 이 'Kerepi Boy'는 나중에 우간다 국경 검문소까지 알려지게 되었다. 어쩌다 그들이 신분증을 검사하려고 하면 "나는 케레피 보이인데 너 아직 잘 모르는구나?" 하면 웃으며 통과시켜 주었다. 이 별명이 그리 싫지 않았다. 'Boy'라는 말이 나름대로 친밀감의 표현이었고, 이제 그들의 친구가 되었다는 의미였다.

그날부터 나는 그들과 얼굴을 맞대며 살아가야 했다. 그들의 관습에 유의해야 했고, 그들의 전통을 존중해 주어야 했다. 이웃의 장례식에도 참석해야 했고, 부락회의에도 참석해야 했다. 그런데 매일 부딪히는 원주민들과의 문화적 충돌은 무엇보다도 곤혹스러웠다. 마을의 원로들은 마을의 전통과 관습 등 여러 가지 조언을 해주었다. 그런데 여기 웃지 못할 이야기가 하나 있다. 어느 날인가 마을의 장로 한 사람이 내게 말을 걸어왔다.

"미스터 조셉, 우리 마디족의 일원이 된 걸 축하합니다. 앞으로 여기서 함께 살면서 이곳에서 마디족 아가씨를 하나 구해서 장가도 들고 죽을 때까지 살아도 됩니다."

이들은 나를 마디 부족의 일원으로 취급하였다. 이를테면 Korean-Madi였다.

"네? 나는 결혼을 했어요. 아내와 아이들도 있어요."

"여기선 다들 그렇게 삽니다. 아무 관계없어요. 누가 뭐라고 안 해요."

'하이고…이 사람들, 큰일이구만…'

나중에 알고 보니 이 마을 장로 존(John)이 내게 농담으로 한 말이 아니었다. 그 사람들의 관습이나 인식이 그랬다. 이 사람도 나중에 알고 보니 부인이 무려 6명이 넘었다. 그는 가는 곳마다 결혼을 하여 자식을 낳았다. 나중에 일곱 번째 부인은 우간다에서 데려왔다고 하였다. 아프리카의 중혼제도는 이들에겐 극히 당연한 것으로 받아들여진다.

마을의 이장(추장)은 부인이 열두 명이 넘었다. 그 부락 전체가 그의 집안이었다. 그러곤 이 노인네 하는 말이, 자식이 너무 많아 누가 누군지 잘 모른다는 것이다. 한번은 Payam 사무실(면사무소)에 일을 보러 갔는데, 어떤 사람이 아주 공손하게 인사를 하면서 "아버지, 어떻게 나오셨어요?"라고 물었다고 한다.

"자네는 이름이 뭔가? 어디에 사는가?"라고 물었더니 그 친구가 하는 말이 "아버지, 저 아무개입니다. 아버지 아들인데요?" 하여 한참을 웃었다고 한다.

언젠가 자연부락 오파리(Opari) 마을을 다녀오다가 어떤 아주머니를 차에 태우게 되었다. 이 부인은 그리 나이가 많은 것 같지는 않았는데 영어를 꽤 잘하는 편이었다. 이 여인이 내게 질문을 했다.

"Pastor, 실례지만 부인은 몇 명이나 되나요?"
"네? 한 명인데요."
"거짓말 마세요. 어떻게 한 명밖에 없어요?"
"아니, 한 명이면 되지 어떻게 여러 명과 결혼을 해요?"
"어떻게 한 명하고만 결혼을 해요?"
"그럼 당신은 첫째? 아니면 둘째?"
"저는 둘째입니다."

이것이 이들의 사고방식이었다. 이들은 남자가 여러 명의 여인과 결혼하는 것을 지극히 당연한 걸로 안다. 여자들이 농사일을 다 하기 때문에 아내 혼자서는 도저히 감당할 수가 없어 둘째, 셋째 부인도 필요하다는 주장이었다. 그러고 보니 결혼은 이들에겐 먹고 사는 문제를 해결하기 위한 방편인 셈이다.

다른 또 한 가지 이유는, 오랜 전쟁으로 젊은 남자들이 많이 죽었다는 것이다. 여자는 많은데 남자가 없다는 것이었다. 그러니 자연히 한 남자가 여러 여자들과 결혼하게 되는 것이라고 하였다. 하지만 교육을 좀 받은 여성들은 이런 관습에 부정적이다. 케레피 마을에서 우리 집 일을 도와주라고 보낸 조세핀이라는 젊은 여자가 있었다. 결혼해서 아이가 한 명이 있었다. 이 친구에게 내가 질문을 했다.

"이곳 남자들은 다들 두 명, 세 명의 부인이 있던데 이거 어떻게 생각하냐?"
"안 좋아요…."
"그런데 어느 날 네 남편이 다른 여자를 집에 데리고 오면 어떡할 건데?"
"난 그냥 안 둬요. 끓는 물을 얼굴에 끼얹을 겁니다."
"하이구! 어떡해…?"

아프리카의 대부분 나라가 그렇지만 이곳 남수단 마디(MADI)족들의 가계도 매우 복잡하여 우리가 한 번에 이해하기 어렵다. 아버지가 죽으면 삼촌이 아버지 역할을 한다. 그리곤 모두 아버지(father)라고 호칭한다. 누가 부모 이야기를 하면 우리는 그가 친부, 친모인지 아니면 작은아버지, 작은어머니인지 그림을 그려가며 한참을 확인하고 물어봐야 한다.

암튼 마을 추장은 내가 마을에 들어온 최초의 외국인이니 자기네들이 내 안전을 책임져야 한다고 하면서 강도나 도둑을 경계하라고 주의를 주었다. 또 혹시 있을지 모르는 사고를 대비하여 주야간 경비를 세우라고 하였다. 그래서 마을사람들 중에 두 명을 골라서 주택의 경비를 세웠다. 그중 한 명이 지금까지 우리와 함께 있는 보스코이다.

그는 예전에 우간다 난민촌에서 고등학교까지 마친 까닭에 영어를 하고 읽을 수가 있었다. 그는 또 데레토 마을의 청년 리더였다. 마을의 리더인 보스코가 내게 마을의 모든 정보를 상세하게 알려 주었다. 저녁에 보스코가 야간 경비에 사용한다며 활과 화살을 가지고 왔다. 이 활은 원주민들이 야생동물을 사냥할 때 사용하는데, 이들은 활을 잘 쏘기 때문에 매우 빠른 야생 가젤(Gazelle)도 잡는다고 자랑을 하였다.

그런데 자세히 보니 마을 사람들은 거의 다 친인척 관계로 얽혀 있었다. 삼촌, 사촌, 사돈 등등 줄줄이 따지고 보니 마을 전체가 먼 집안 간이었다.

형사취수(兄死娶嫂) 제도도 대부분 살아 있었다. 집안의 재산을 지키려는 목적도 있겠지만 생활능력이 없는 형의 가족들을 돌본다는 의미라고 하였다. 이 경우 당연히 형의 아이들도 다 먹여 살려야 한다. 그러다 보니 한집에 엄마 아빠가 각각 다른 여러 아이들이 한데 어울려 살아간다. 군인들도 마찬가지이다. 옆 동료가 싸우다 전사하면 동료가 죽은 병사의 아내를 데리고 살면서 보살펴 주어야 한다. 척박한 아프리카에서는 여성 혼자서 살아갈 수가 없기 때문에 생겨난 풍습인 듯했다.

오파리(Opari) 자연 부락에 가서 고아들의 실태를 조사하였다. 고아들을 도울 길이 있는지, 어려운 가정들이 얼마나 있는지 살펴보았다. 이 마을은 마디족 전통 부락이 있던 오리지널 원시 부족 마을이다. 깊숙한 산속에 숨어 있으며, 뒤로는 아름다운 돌산이 있고, 마을 중앙에 작은 실개천이 흐른다. 아름답고 조용한 마을이지만 뒤편 밀림에는 수면병을 일으키는 아프리카산 흡혈성 파리인 체체파리(Cheche Fly)도 다량 서식하고 있다. 이 길을 지날 땐 차량의 창문을 모두 닫고 체체파리의 공격을 대비해야 한다.

마을 한구석 쓰러져 가는 오두막집에 할머니 한 분이 아이들 여럿을 데리고 살고 있었다. 할머니는 내게 이 아이들을 제발 좀 데려가라고 하소연을 하였다. 아이 아버지가 군인인데 2013년 내전 당시 말라칼(Malakal) 전투에서 전사하자 아이 어머니는 동료 병사가 데리고 갔다는 것이다. 그 밖에도 여러 명의 아이들이 있었는데 외손자, 친손자 등이 다 모여서 어렵게 살아가고 있었다. 남수단의 전형적인 고아 가정이었다. 케레피 마을의 이방인으로 나는 적지 않은 충격을 느끼며 살아가야 했다.

4장
야학(夜學)을 개설하다

케레피 마을 주민으로 함께 살면서 동네 사람들과 어느 정도 친해졌다. 마을에서는 내게 많은 것을 기대하는 눈치였다. 우리 집은 마을센터와 가까웠고, 동네 중앙 공터에서는 한 달에 한 번씩 장마당이 열렸다. 우리나라의 5일장과 같은 그런 장마당이었다. 대부분 우간다 상인들이 여러 가지 물건들을 가지고 와서 파는 날이다. 케레피 장날은 그야말로 풍성한 마을 잔치이다. 사람들은 돈이 없어 딱히 살 물건도 없으면서도 이곳저곳에서 몰려들었다.

상인들은 옥수수 가루, 콩, 기름, 그리고 중고 의류, 밥솥, 화장품 등 여러 생필품을 가지고 와서 판다. 장날이면 인근 20-30킬로미터 떨어진 동네에서도 새벽부터 걸어서 온다. 그냥 구경을 오기도 한다. 아이들도 덩달아 신이 난다. 그냥 처음 보는 신기한 물건들을 구경하는 것만으로 그들은 행복해한다.

당시 마을에서 야간에 전기가 들어오는 집은 사실상 우리 집뿐이었다. 매일 저녁이면 소리가 시끄러운 중국제 디젤 발전기를 이용하여 불을 밝혔다. 발전기가 가동되면 전등을 켜고 핸드폰 배터리를 충전할 수가 있다. 이웃집 주민들이 핸드폰을 충전해 달라고 폰을 들고 오기도 하였다. 그런데 발전기 소음이 워낙 커서 조용한 동네를 진동시켰다. 너무 시끄러워 하루에 겨우 2-3시간만 가동을 하였다.

진작에 솔라를 이용한 전기 생산 방법을 알았더라면 솔라 전기 시스템을 사가지고 갔을 텐데, 처음에는 그 방법을 전혀 몰랐다. 이 전기는 이웃집에도 연결하여 보안등을 밝혀 주기도 하였다. 그런데 어느 날 저녁, 동네 아이들이 담장 밖의 그 희미한 보안등 전등 불빛 아래에 모여서 공부를 하고 있는 것을 목격했다. 아이들은 몇 명씩 모여서 책을 읽거나 숙제를 하고 대화를 하곤 하였다. 나는 아이들에게 내일부터는 우리 집 거실에 와서 공부를 하라고 하였다. 동네 아이들은 신이 났다. 다음 날 저녁부터 동네 아이들이 우르르 우리 집으로 몰려들었다. 아이들은 평소에도 우리가 사는 모습을 보려고 몰려오고 구경을 하고 싶어 했는데, 거실을 개방한다니까 난리가 났다. 외국인은 무얼 먹고, 어떻게 사는가? 아이들에겐 그보다 궁금한 게 없었다.

야학의 아이들은 유치원에서부터 고등학생까지 다 모였다. 10여 명으로 출발했으나 나중에는 거의 50여 명이 모여 한 학급을 형성하였다. 처음에는 공부방을 제공한다는 마음으로 시작을 했는데, 자세히 보니 아이들이 공부 방법을 전혀 모르고 있었다. 글을 읽을 줄도 모르고, 자기 이름을 쓸 줄도 모르는 아이들이 대부분이었다.

할 수 없이 나중에는 학년별로 구분을 하고 적절한 과제와 쪽지시험을 치렀다. 이 야학을 통하여 나는 이 땅의 교육 상황을 누구보다 일찍감치 파악할 수 있게 되었다. 졸지에 나는 야학의 선생님이 되었다. 낮에는 데레토 센터 건설 현장에서 일을 하고, 밤에는 아이들을 가르치는 선생님이 되었다. 마을 사람들의 반응이 너무 좋았다. 기초

수학에서 더하기, 빼기, 곱하기, 나누기를 가르쳤고, 구구단을 외우게 하였다. 영어도 기본적인 단어 등을 가르쳤는데 수업은 매일 밤 10시에 끝났다. 이 야학 덕분에 나는 남수단 아이들의 학습능력, 교육수준, 그리고 그들의 고민과 문제점들을 많이 알고 이해할 수 있게 되었다. 그리고 우리 집 주변의 안모꼬, 헬렌, 솔로몬, 아이작 등 대부분의 아이들과 아주 친하게 지낼 수 있게 되었다.

이 아이들은 저녁에 수업에 올 때 숲에서 딴 망고, 바나나를 우리 집에 들고 오기도 하였고, 나는 아이들에게 연필 등 학용품과 사탕 등을 나누어 주었다. 우리 야학의 아이들의 학습실력은 그렇지 않은 다른 아이들보다 부쩍 향상되어 학부모들이 만나면 너무 고맙다는 인사를 하기도 하였다. 그중에 고등학교 1학년 여학생인 솔로몬은 매우 영리하고 똑똑했던 학생으로 기억된다.

아이들은 매일 우리 집에 와서 그날 마을에서 일어난 사건, 사고 등을 내게 이야기하였다. 그런데 이상한 것은 이 사람들은 그들의 이웃들이 오늘은 뭘 했는지, 또 어디를 다녀왔는지 훤하게 다 알고 있었다. 참 신기하였다. 마을 구전(口傳) 소식은 TV 뉴스보다 더 빨랐다. 어느 날 저녁, 야학에 온 아이들이 내게 심각한 표정으로 이야기를 하였다.

"오늘 피터(Peter)가 죽었어요."
"피터가 누군데?"
"레인 메이커요."
"레인 메이커가 뭐야?"
"무서운 사람이요."
"왜?"
"이 사람은 하늘을 움직여 비를 만드는 사람이에요."
"와, 비를 만들어? 어떻게?"

"비가 안 오면 농사를 지을 수 없으니까 마을의 추장이 이 사람에게 비를 내려 달라고 부탁을 하는데, 그러면 반드시 비가 와요."

"하이고, 주술사구나…레인 메이커(Rain Maker)가 아니고…."

나중에 알고 보니, 동네에 주술사가 있는데 가뭄이 계속되고 비가 안 오면 마을의 추장이나 원로들이 주술사에게 닭 한 마리를 잡아서 제물로 바친다고 한다. 그러면 주술사는 닭을 잡아 그 피를 뿌리고 하늘에 제사를 드렸다. 소위 기우제를 드리는 건데, 그러면 거의 대부분 그날 비가 온다는 것이었다. 아이들이 무서워하는 이유는 이 주술사가 하늘을 움직인다고 믿었기 때문이다.

"야! 그건 가짜야…. 사람들을 속이는 거야…. 비는 하나님이 만드시는 거라고. 너도 하나님 믿는다고 성당에도 나가잖아?"

아이들은 대부분이 가톨릭 아이들이었다.

"예…저도 하나님을 믿어요…."

"그런데 왜 그 점쟁이 레인 메이커를 무서워하니? 네 말대로라면 이제 그 레인 메이커가 죽었으니 이제부터 이 마을에 비가 오긴 다 틀렸구나?"

"…? 그런데 사람들이 그 사람을 무서워해요."

그러고 보니 마을 사람들 중 음산한 표정으로 나를 싫어하는 눈빛이 역력한 한 사람을 마주쳐서 '아, 저 사람은 귀신 들렸구나' 하고 느낀 적이 있었는데, 바로 그 사람이었다. 그러니 이 마을 사람들의 영적 상태는 더 말할 필요가 없었다. 이들은 육적으로만 고달픈 것이 아니라 영적으로도 공허한 상태였다. 잘못하면 내가 잡아 먹히겠구나 하는 생각에 정신이 번쩍 들었다.

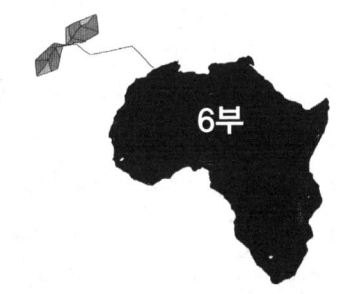

남수단…그 문화적 충격

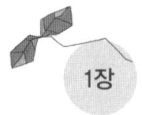

1장

나 이제 집에 돌아갈래

케레피 원주민 마을에 정착하여 살게 되면서 아내가 한국에서 왔다. 이제는 더 이상 원주민 가사 도우미가 아프리카 식으로 만든 기름과 소금을 넣은 밥을 먹지 않아도 되었다. 하지만 원주민 마을에서 선교사로 생활하면서 가장 곤혹스러운 건 바로 아프리카의 문화적 충격이었다. 선교사는 새롭게 접하는 타 문화에 대해 긍정적 사고를 가지고 마음을 열고 다가가야 하는데, 이게 그리 단순하고 쉽지만은 않았다. 이것이 어느 때는 내 삶의 방향감각을 잃게 만들었다. 잘 해소하면 되지만 그렇지 못하면 심한 스트레스로 다가왔다.

이것은 누가 대신 해결해 줄 수 있는 게 아니라 스스로 풀어야 할 숙제였다. 다행히 나는 여러 나라, 여러 선교지를 헤집고 다닌 경험이 있어 심하지 않았지만 늦게 나를 따라온 아내의 경우는 달랐다. 효과적으로 마음대로 의사소통할 수 없는 것에 대한 좌절감, 익숙한 일과 문화세계의 편리함과의 결별, 그리고 향수병 등으로 우울증이 왔다.

당시 나는 매일 학교와 선교센터 건설공사 현장에 나가 정신없이 바쁘게 움직였지만, 아내는 나가서 할 일이 거의 없었기 때문에 하루 종일 집에만 있어야 했다. 내가 아침에 집을 나가면 말도 통하지 않는 이웃집 할머니와 담장 너머로 나누는 손짓 대화가 유일하였다. 아내는 한국말, 이웃집 할머니는 마디어로 서로 의사소통을 하는 게 유일한 낙이었다

그런데 이것도 그리 길게 가지 못했다. 언젠가 저녁때 내가 집에 들어오자 갑자기 정색을 하며 내게 말하였다.

"나 이제 집에 갈래요. 제발 나 좀 집에 보내줘요. 여긴 도저히 못 살겠어요. 숨막혀 죽을 것만 같아. 왜 나까지 이곳에 데리고 와서 이런 생고생을 시키나요? 당신은 여기가 좋아서 왔지만, 나는 아니에요. 남편이 간다니까 멋모르고 따라왔는데 이건 정말 아냐. 당장 내일 집에 보내줘요."

아내는 소리를 내며 갑자기 엉엉 울기 시작했다. 그리곤 어린아이처럼 거실의 의자를 집어던지고 야단이 났다. 갑자기 멘붕 상태가 된 것이다. 아내를 진정시키려 했지만 한번 폭발한 감정은 제어할 수가 없었다.

"동네 사람들이 들으면 우리를 욕하겠어요. 조용히 해. 이게 뭐야, 창피하게…?"

나도 화가 나서 소리를 쳤다. 그랬더니 아내는 욕실에 들어가서 바닥에 풀썩 주저앉아 엉엉 울기 시작하였다. 그리곤 바가지로 물을 퍼서 머리부터 온몸에 퍼붓기 시작하였다. '아니, 갑자기 정신이 이상해졌나…?' 아내의 갑작스러운 돌발 행동에 야단치던 나는 무척 당황했다.

'아! 그동안 이 사람이 너무 힘들었구나. 그걸 전혀 몰랐네. 그러고 보니 이곳은 물도 안 나오고, 전기도 없고, 먹을 것도 없고, 보이는 것

이라고는 온 사방이 온통 새까만 사람들뿐이고, 말도 안 통하지. 그런데 하루 종일 혼자 입을 꾹 닫고 지내려니 얼마나 숨이 막혔을까? 어디 그뿐인가? 밤이면 모기와 벌레들이 달려들어 괴롭히지….' 이걸 그저 믿음과 신앙으로 이겨내라고 말하기엔 너무 무리였다. 물을 흠뻑 뒤집어쓴 아내를 부둥켜안고 진정시켰다. 그리고 함께 울며 상한 마음을 달래 주었다.

"여보, 미안…정말 미안해…. 이런 먼 곳까지 따라오게 해서. 하지만 지금 당장은 한국으로 돌아갈 수 없으니 조금만 참읍시다."

아내는 한참을 울고 나더니 마음이 좀 진정된 듯하였다. 그 뒤로 마음을 좀 추스르기 시작하였다. 그런데 그것도 잠시뿐이고 얼마 지나자 또 그 상태가 재발하였다. 어느 날인가 아내가 한국에 있는 아들과 전화 통화하는 걸 엿들었다.

"아들아, 네가 와서 나 좀 여기서 데리고 나가면 안 될까? 나 너무 힘들어 죽겠어."

"회사 휴가 내고 와서 나 좀 데리고 가라. 여긴 사람 살 곳이 못 돼…."

"네 아버지는 미쳐서 저렇게 일을 하지만 난 아냐. 이건 정말 아냐."

결국 우리 아들은 그해 여름에 휴가를 내고 남수단에 들어왔다. 그런데 미리 받은 입국허가증의 유효기간이 지났다고 입국이 거절되었다. 이 입국허가증의 유효기간은 발급일로부터 한 달인데 그걸 미처 확인하지 못하였다. 근데 단 하루가 지났다고 주바 공항에서 입국이 거절되다니….

아들은 결국 다시 한국으로 되돌아가야만 했다. 나는 공항의 책임자에게 우리 아들이라고 하소연을 했지만 소용이 없었다. 엄마를 보기 위해 그 먼 거리를 비행기를 타고 왔는데 입국이 거절되었으니 그 안타까움은 이루 말할 수 없었다. 하필 그날이 토요일이고 이민국도 휴무일이라 이걸 어떻게 급히 연장할 수도 없었다. 입국이 거절된 아들은 다시 출국하여 이틀간 에티오피아에 머물렀다. 결국 월요일에 입국허가증을 긴급하게 연장한 후에 다시 남수단에 들어올 수 있었다. 아들을 만난 아내는 다시 마음의 안정을 되찾았다.

그해 우리가 한국에 돌아갔을 때 우리는 비로소 우리 모습이 아프리카 원주민 형태로 거의 바뀐 것을 알았다. 미장원에 들렀을 때 미용사가 우리를 보고 어디에서 왔느냐고 물었다. 아프리카에서 왔다고 하니 고개를 끄덕였다. 그분은 처음에 우리를 북한에서 탈북한 사람으로 봤다는 것이다. 아내는 다시는 안 간다고 큰소리치며 나왔지만 다시 마음을 다잡고 선교지인 케레피로 되돌아왔다. 하나님의 강권하심이 아니면 불가능한 일이었다.

도난당한 아이들,
끝나지 않은 비극

    남수단에는 다른 부족의 어린아이들을 납치하여 무장단체 전사로 키우는 아동 납치가 아주 빈번하게 일어났다. 남수단의 소년병 징집과 아동 납치 문제는 UN 인권단체 등에서 여러 차례 문제를 제기하였지만 소용이 없었다. 한창 부모의 사랑을 받으며 학교에서 공부를 해야 할 어린 나이에 아이들은 전쟁터에서 방패막이로 활용될 전투원으로 양성이 된다.
    소년병 문제는 다른 여러 나라에서도 문제가 되었지만, 특히 이 남수단은 거의 2만 명이 넘는, 전세계에서 가장 많은 소년병을 보유하고 있는 나라로 알려져 있다. 이는 계속되는 종족 간의 갈등과 내전으로 인해 부족한 사병들을 보충하기 위해 정부군도, 반군도 이용하는 수법이기 때문이다. 세계아동인권 문제로까지 비화된 남수단의 소년병 문제는 사실상 매우 심각하다. 아이들이 자기 키보다 큰 소총을 들고 싸움에 나선다. 아직 성숙되지 못한 아이들에게 무기를 들려주었으니 그 문제가 심각하다.

그러나 소년병을 모집하거나 징집하는 데에도 한계가 있었다. 그래서 일부 부족들은 타 부족의 아이들을 납치하여 그들 부족의 일원으로 만들어 버린다. 무를레족이라고 아주 용맹하고 싸움 잘하는 부족이 있다. 힘이 센 딩카족도 이 무를레족과는 잘 안 싸우려고 한다. 이 무를레족이 바로 아동을 납치하는 부족 중 하나로 알려져 있다. 납치 대상에는 남자아이뿐 아니라 여자아이도 있었다. 납치한 아이들은 나이에 따라 짐꾼이나 청소부, 또는 다른 부족의 정탐꾼으로 활용을 하고, 더 크게 자라면 총을 들고 직접 싸우게 한다. 여자아이들은 병사들의 아내가 되기도 하고, 취사에 동원되거나 혹은 성폭력에 노출되는데, 무장 그룹들은 아이들에게 마약이나 대마초 등을 제공하여 이들이 심신 미약 상태에서 시키는 일은 뭐든지 하도록 만든다고 한다.

한편, 부족한 노동력을 보충하기 위해서도 이런 아동 납치를 하는데, 특이한 것은 무를레족의 여성들이 여러 가지 성병으로 인하여 아이를 더 이상 낳지 못하게 되자 타 부족 아이들 납치에 적극 가담하는 것이라고 한다.

주바에서 사역하던 천주교 치프리아 수녀가 내게 아동 납치에 대해 이야기를 해주었던 기억이 난다. 언젠가 나일 강가에서 통곡을 하며 울고 있는 할머니를 봤는데, 이 할머니가 강가에서 아이 하나를 데리고 빨래를 하던 중 갑자기 어떤 청년들이 모터보트를 타고 나타나 쏜살같이 와서 아이를 채갔다는 것이다. 할머니가 아무리 소리치고 울고불고 했지만 아무도 도와주지 않았다. 거센 물살을 가르며 사라진 보트를 잡는다는 건 불가능하였다. 이 나라는 국가의 공권력이 사람들을 지켜주지 못한다.

그 사이 남수단 정부군과 반군 세력과의 평화협정으로 소년병들을 지속적으로 집으로 돌려보내야 했다. 각 무장 그룹의 소년병들(18

세 미만) 중 약 수천여 명이 집으로 돌아갔다. 하지만 이들은 그동안의 심각한 전쟁 트라우마로 특별한 치료와 상담을 받아야 했다. 특히 유니세프는 이 일을 위해 몇 백만 달러의 예산을 지원했는데, 남수단이라는 나라가 돈만 받고 나중에 다시 아이들을 징집하지 않으리라는 보장이 없다.

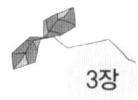

아프리카의 관습법
- 소녀 매매혼

　내가 살던 케레피 마을에는 가끔씩 요란한 풍악이 울린다. 결혼식 혹은 장례식 풍경이다. 대형 스피커를 설치해놓고 빠른 템포의 시끄러운 아프리카 음악을 밤새도록 틀어 놓는다. 그런데 그 음악의 레퍼토리는 어느 집이나 비슷하여 이제는 거의 외울 정도이다. 대부분의 잔치는 거의 이틀 밤을 꼬박 계속한다.
　어떤 집은 딸을 낳았다고 요란하게 동네 잔치를 하기도 한다. 여아선호사상이 있기 때문이다. 사람들은 때로 이런 잔치를 통하여 자기의 부를 과시한다. 그들은 남아보다 여아를 선호한다. 여자아이를 재산증식 수단으로 여긴다. 아이가 커서 시집을 가게 되면 지참금으로 소가 들어오기 때문이다. 아프리카의 고질적인 매매혼이 가져온 슬픈 이야기이다. 가난한 집안을 돕기 위해 딸아이는 효녀 심청이가 되어 아버지가 원하는 남자에게 시집을 가야 한다. 이 같은 매매혼은 실제로 많은 사회문제를 야기한다.
　남자는 여자를 집안의 부족한 노동력을 확보하는 도구로 보기 때문에 그 여자는 시집간 다음 날부터 혹심한 노동에 시달린다. 그래서인지 우리 지역의 마디 부족의 이혼 비율이 매우 높다. 이 지역 여성들은 보통 평생에 평균 3-4명의 남성과 결혼을 하기도 한다. 이런 일이 마을 공동체에서는 그리 큰 흠이 안된다. 많은 경우 7-8명의 남편과 결혼을 하는 이들도 있다. 남편이 죽으면 그 즉시 다른 남자를 구해 시집을 간다. 남자들 역시 마찬가지이다. 아내는 둘째, 셋째도 전혀 관계없다. 동물의 세계와 거의 같다. 이러한 복잡한 결혼제도는 결국 AIDS 등 질병을 그 흔적으로 남긴다.

문제가 되는 결혼 지참금(Dowry)은 상대 여성의 교육 정도에 따라 다르다. 무학이면 가장 싸다. 가장 비싼 경우는 여자가 대학까지 공부를 많이 한 경우이다. 이 경우 소를 수십 마리 정도 가져와야 한다. 수만의 소를 키우는 딩카족들은 통상 100여 마리까지 지불한다고 한다. 고학력자에 대한 지참금이 왜 이렇게 비쌀까? 그들의 말로는 딸을 공부시키느라 그동안 투자한 비용을 다 청구한다는 것이다. 이처럼 그들의 세계관은 우리와 전혀 다르다.

매매혼은 불법이지만 아직까지 남수단의 오랜 관행으로 약 40-50퍼센트의 소녀들이 이런 방식으로 결혼을 한다. 아무리 집이 가난해도 부모가 여자아이들만은 비싸고 화려한 옷으로 치장을 해서 멋지게 가꾸려고 하는데, 그 이유가 바로 몸값을 올리려는 것이라고 한다.

2018년도에 실제로 남수단 북부 레이크(Lake) 주 어느 지역에서 발생했던 일이다. 어떤 아버지가 17살 난 딸을 판다는 공개 광고를 냈다. 그런데 지참금이 장난이 아니었다. 이 소녀의 지참금은 소 500마리, 랜드 크루저 자동차 2대, 자전거 2대, 스마트폰 2대, 현금 10,000달러였는데, 우리 돈으로 지참금만 수억 원이다. 이런 미친 공개 입찰에도 무려 4명의 입찰자가 등장했다는 웃지 못할 이야기였다. 인권단체가 나서서 비난하고 말렸지만 소용이 없었다. 이 소녀의 몸값은 지금까지 남수단에서 매겨진 가장 비싼 지참금으로 알려진다. 낙찰자는 소녀보다 나이가 3배나 많은 어느 부자였는데, 결국 소녀는 그 남자의 아홉 번째 부인이 되었다. 왜 이런 짓을 할까? 이들은 말하기를, 자신이 가진 부를 가난한 자들에게 베푸는 일종의 자선이라고 생각을 한다.

반면에 돈이 없는 가난한 남자들은 결혼을 아예 못하거나 지참금을 외상으로 약정하기도 한다. 남수단 북측의 어느 마을에서 소떼를 돌보는 목동 청년 하나가 염소와 수간(獸姦: bestiality) 행위를 하다가 발각되었다. 마을 공동체가 이 청년을 잡아서 내린 판결은 염소 주인에게 지참금으로 염소 5마리를 지급하고 그 염소를 데려가라는 판결이었다.

이런 것들이 바로 이 사람들의 세계관이다. 만약 남자가 언제까지 지급하겠다고 약정한 지참금을 제때에 지불하지 못하면 여자의 부모는 아이 낳고 잘살고 있는 딸을 다시 데리고 오기도 한다. 계약 위반이라는 것이다. 이런저런 이유로 동네에 버려진 아이들이 많다. 젊은 남자들은 이 지참금을 마련하기 위해 수단과 방법을 가리지 않고 돈을 모으려 한다.

유일한 만남의 장소

마을의 젊은이들이 결혼 상대자를 구하기 위해서 서로 함께 만날 수 있는 장소는 디스코 클럽이 유일하다. 시골 마을의 디스코 클럽은 일단 숲속 외진 곳에 위치한다. 그래야 밤새 음악을 틀어도 마을에는 크게 들리지 않기 때문이다. 하지만 이런 디스코 클럽은 항상 탈선의 온상이 된다. 마을에서 젊은 남녀가 손을 잡고 함께 길을 걸어 다니면 이건 큰일 난다. 때문에 이들의 만남은 항상 그늘진 음지에서 몰래 이루어진다.

마을 디스코 클럽에는 가끔 아이를 가진 아줌마들도 온다. 아이를 등에 둘러업고 와서 신나게 몸을 흔들며 춤을 춘다. 이런 곳에 오는 아이 엄마라 해야 겨우 스무 살 남짓이다. 어쩌다 아기 엄마가 되었지만 또래 아이들이 춤추는 곳에 함께 오고 싶은 것이다. 우리 고아원이 있는 난민촌에도 이런 디스코 클럽이 있다. 클럽이 문을 여는 날이면 타운에서 엄청 많은 남자들이 오토바이로 몰려온다. 호기심에 클럽에 구경을 간 동네 여학생들이 가끔씩 사고를 치기도 한다.

이 지역 마디 부족의 경우 교회의 찬양 리듬이나 템포, 춤의 스타일이 디스코 클럽의 음악 리듬 또는 템포와 거의 같고, 춤도 비슷하다. 교회 음악과 세상 음악이 뒤엉켜 있다.

아프리카 남수단의 기독교 역사는 그들의 전통 문화와 아주 독특하게 혼합되어 있다. 통상적인 동양적 사고로 우리가 이해하기는 좀 힘들다. 이런 그들의 문화를 배척해야 하느냐 혹은 그들의 문화를 바꾸느냐 하는 것은 선교사로서 여간 고민이 아니다. 내가 만나본 현지 크리스천 청소년들의 고민도 매우 크다는 것을 알았다. 가끔 교회가 'Youth Conference'라는 이름으로 연합 청소년 수련회를 열면, 아이들은 여러 마을에서 무려 5-6시간을 걸어와서 참석을 한다. 하지만 교회들이 열악하고 이런 행사에 준비가 잘되어 있지 않아서 그저 춤추고 노래하며 노는 행사로 끝나기도 한다.

사마리아 여인들

요한복음 4장에 보면 예수님과 사마리아 여인의 대화가 나온다. 예수께서는 다시는 목마르지 아니하는 생수를 달라는 여인에게 갑자기 "가서 네 남편을 불러오라"고 말씀하신다. 여자가 대답하여 이르되 "나는 남편이 없나이다"라고 하자 예수께서는 "네가 남편이 없다 하는 말이 옳도다 너에게 남편 다섯이 있었고 지금 있는 자도 네 남편이 아니니 네 말이 참되도다"라고 말씀하신다(요 4:16-18).

예전에 이 말씀을 읽을 때엔 이 사마리아 여인은 사마리아 지방에 사는 여인이고, 그저 그렇게 살아가는 사람이라는 생각을 했었다. 그런데 이곳에서는 이 말씀이 정말 실감이 났다. 남수단 내의 다른 부족들 사정은 잘 모르겠지만, 적어도 내가 사역하고 있는 남수단과 우간다 북부지역 여성들은 일단 사마리아 여인과 비슷하다고 보였다. 이런 관습과 전통이 보편화되다 보니 남편과 아내를 수시로 교체하는 건 이들에겐 전혀 이상하지 않은 것 같다. 물론 다 그런 것은 아니겠지만, 수틀리면 헤어지고 다시 다른 상대와 결혼하고, 그냥 그렇게 살아가고 있다. 문제는 주변 사람들도 이것을 그저 당연하다고 여기는 것이다.

난민촌에 있는 우리 교회에 열심으로 나오는 한 여성이 있다. 리더십도 있고 영어도 잘하고 다른 여성들에 비해 교육 수준도 있었다. 그런데 나중에 보니 이 여성도 바로 대표적인 사마리아 여인이었다. 첫째 남편과 살다 아이를 낳자 헤어져 남편은 다른 곳으로 가버렸고, 둘째 남편은 무슬림이었는데 남자아이 하나를 낳자 종교 문제로 갈라섰고, 세 번째 남편은 남수단인이라 조금 살다가 혼자 남수단으로 돌아가 버렸다. 지금 있는 남편도 알고 보니 무늬만 남편이었다. 그러니까 한 가정에 아버지가 각각 다른 여러 아이들이 모여 살고 있었다.

더 한심한 것은, 지역의 목회자들도 이 함정에 있어서 예외가 아니었다. 내가 오랫동안 알고 있는 우리 지역의 마디 부족 목회자들 중에서도 이미 여러 명이 실족한 경우를 보았다. 아예 목회하는 교회를 버리고 떠난 사람들도 있고, 태연하게 목회를 계속하는 이들도 있었다. 그 이유는 여러 가지가 있겠지만, 문제는 이들이 여러 사람들에게 손가락질을 당하고 있어, 이들이 있는 교회에는 주로 아이들만 모인다. 대부분의 사람들은 천주교회로 몰려간다. 하지만 천주교회 역시 마찬가지이다. 한번은 마을에서 천주교회의 사제 한 명이 어떤 여자와 문제를 일으켜 현장에서 체포된 적도 있었다. 교회는 쉬쉬하면서 이를 해결하느라 애를 먹었다고 한다. 가정사역 같은 건 이 지역에선 전혀 상상조차 할 수 없다.

우선은 가난한 여성들이 먹고 살아가기 위해 그저 아무 남자하고나 결혼한 것이 그 원인이 된다고 볼 수 있지만, 반드시 그런 것만도 아니다. 우리의 사고로는 도저히 이해가 안 된다. 이 부족의 여자들은 보통 평생 서너 번 결혼을 한다. 심한 경우 일곱 여덟 번까지 결혼을 한다고 하니 이거 참 보통 문제가 아니었다. 남자는 남자 방식대로 살아가고, 여자는 여자 방식대로 살아간다. 농사는 대부분 여성들과 아이들의 몫이다. 남자들이 나무 그늘에 앉아 술을 마시거나 카드 놀이를 하며 즐기는 동안 여성들은 들에 나가 농사를 지어야 하고 아이들을 양육해야 한다.

 이들의 결혼은 사랑해서가 아니라 필요에 의해 서로 만나고 헤어진다. 문제는 한번이 아니라 앞으로 계속 이어진다는 데 문제가 있다. 도무지 양심의 가책 따위는 없는 것 같다. 그래도 목회자가 교회에서 이런 도덕적인 문제를 지적하기 힘든 것은 이에 해당되는 자가 너무 많기 때문이다. 그래도 공부를 좀 한 젊은 층에서는 이 문제의 심각성을 알기 때문에 점차 바뀔 것으로 기대는 한다. 그래서 이 나라의 여성교육이 매우 중요하다.

마디족의 장례문화

내가 케레피에 도착한 바로 그 다음 날, 이웃집에서 초상이 났다. 갑자기 어떤 여인이 대성통곡을 하는 소리가 들렸다. 그와 동시에 많은 동네 여자들이 이마를 두 손으로 치면서 그 집으로 우르르 몰려들었다.

"우우…오우, 울룰루…."

주바에 살던 그 집 남편이 갑자기 자살을 했다는 것이다. 여자는 20대 초반으로 집에는 어린아이 둘이 있었다. 남편은 에이즈를 비관해 왔다고 한다. 자살은 우리나라에서도 사회적 문제이지만, 남수단에서도 매우 흔하게 발생한다. 가난과 질병, 삶에 지친 많은 사람들이 자살로 생을 마감한다.

그날부터 바로 장례 절차가 진행이 되었다. 바로 집 앞에 구덩이를 파고 묻는다. 더운 나라이기 때문에 죽은 사체를 오래 보관할 수가 없다. 동네 사람들이 몰려오고, 천막을 치고 음식을 만들고 시끌벅적하였다. 천주교인이라서 그런지 낮에는 천주교 신부가 와서 장례식을 집례하고 갔다.

그런데 밤부터는 둥둥거리는 북소리와 함께 마을 무당이 와서 영혼을 위로하는 의식을 하였다. 무슨 소리인지 모를 주술 소리와 여인들의 통곡 소리가 밤새 어우러져 정신이 하나도 없었다. 그 북소리는 커졌다가 작아졌다가 하면서 구슬프게 울렸다. 마을 사람들은 이에 맞추어 함께 소리를 지르며 신들린 듯 춤을 추었다. 이것이 이 부족의 전통이라고 한다. 그런데 이게 보통이 아니었다. 우리 맨정신으로는 들을 수가 없다.

스피커 소리는 또 왜 그리 큰지 모른다. 무당의 초혼 곡소리는 밤새 이어졌다. 해가 떠오르면 사람들은 이 의식을 끝낸다. 귀신을 부르는 소리는 어디나 다 같았다. 나는 거의 뜬눈으로 그날 밤을 새웠다.

다음 날 아침, 이웃집 주인에게 "신부가 와서 예배를 드렸으면 됐지 왜 시끄럽게 밤새 난리를 쳤는가?"라고 물었다. 그 친구 하는 말이, 예배는 기독교 식으로 드리지만 죽은 영혼을 위로하는 프로그램은 따로 있다는 것이었다. 아프리카의 정령숭배 사상이었다. '아이구, 앞으로 이런 사람들과 어떻게 한 마을에서 지낼 수 있을까?' 두려움이 먼저 앞섰다.

하지만 마디족에게 장례는 가장 큰 행사이자 부락 공동체의 행사이다. 누가 죽으면 거의 대부분의 마을 사람들이 조문을 간다. 죽은 사람이 어린아이든 노인이든, 다들 함께 슬퍼하고 함께 운다. 모두 함께 춤을 추며 위로한다. 특히 마을 원로가 죽으면 장례식은 아주 큰 동네 잔치가 된다. 그런데 이런 일이 너무 자주 일어난다는 것이다. 어느 때에는 장례식이 거의 매일 일어난다. 마디족 아이들 이름 중에 '다마'라는 이름이 있다. 그런데 그 이름의 뜻이 '매일매일이 장례식'이라는 뜻이다. 그러니 이들에게 죽음은 곧 나의 일인 것이다. 학교 교사나 공무원들 역시 수시로 직장을 결근한다. 그 이유는 바로 '장례식' 때문이다.

　장례식에 오는 사람들은 밥솥, 비누, 땔나무, 취사용 물 등을 가지고 와서 일을 돕는다. 매장지는 바로 자기 집 앞마당이다. 구덩이를 파고 매장한 후 그 위에 시멘트 콘크리트로 아예 밀봉을 한다. 죽은 사람을 앞마당에 매장하는 관습은 묘지를 지킨다는 의미도 있지만, 숲에 매장하게 되면 야생동물들이 무덤을 파헤치기 때문이라고 한다.

　이들은 죽은 조상의 영혼은 늘 가족들과 함께 있다고 믿는다. 알고 보니 집집마다 있는 사각형 콘크리트 뚜껑이 전부 무덤이었다. 콘크리트 관을 덮을 수 없는 돈 없고 가난한 사람들은 그냥 흙으로 봉우리를 만든다. 어떤 집은 자기 방문 바로 앞에 매장을 한다. 문제는 이렇게 몇십 년 가다 보면 온 동네가 자연스럽게 공동묘지가 될 것 같았다. '마을에 공동묘지를 만들어야 하겠구나' 하는 생각이 들었다.

　기억나는 장례식이 있었다. 한번은 아촐리(Acholi) 난민이 거주하는 이보아 난민촌에 우리 신학생들과 함께 전도훈련을 나간 적이 있었다. 그때 갑자기 어떤 사람들이 나를 찾아왔다. 어머니가 돌아가셔서 장례를 치러야 하는데 집례할 목사가 없다는 것이다. 그러니 와서 장례식을 집례해 달라는 요청이었다. 그 난민촌에 작은 개척교회가 하나 있지만 그분은 목사가 아니라고 했다. 예배 없이 보내드릴 수는 없으니 제발 와서 도와달라고 하소연을 했다.

　나는 학생들과 시신이 안치된 난민촌 움막집으로 갔다. 시신은 모기장으로 그냥 둘둘 말아 관에 보관하고 있었는데, 더운 날씨라 이미 부패하여 심하게 냄새가 났다. 내 말을 잘 이해했는지 모르지만 유족들을 위로하고 하관예배를 마치자, 사람들은 서둘러 관을 둘러

메고 집 옆에 이미 파둔 구덩이에 그대로 매장을 하였다. 험악한 세월을 살아왔을 이 남수단 여인은 이국 땅에서 이름 모르는 어느 외국인 선교사의 기도 속에 영면을 하게 되었다. 그래도 그날 가난하고 궁핍한 난민촌 사람들을 위로할 수 있었다는 게 너무 감사했다.

케레피 동네에는 꽤 많은 사람들이 술로 배고픔과 고통을 이겨내고 있다. 아침부터 술을 마신 여자들과 남자들이 비틀거리며 걷다가 그대로 길거리에 쓰러져 잠들어 버리기도 한다. 어쩌다 길에서 나를 만나면 "아비리, 아비리" 하고 손을 내민다. '아비리'라는 말은 '배가 고프다'라는 뜻의 마디어이다. 이들이 마시는 술은 수수 엿기름과 카사바 가루를 섞어서 만든 대중주인데, 그 색깔이 흡사 우리나라 막걸리 같다. 돈벌이가 마땅치 않아 많은 아낙네들이 집에서 이렇게 술을 빚어 판다. 술 빚는 집에는 남자들과 여자들이 아침부터 모여서 술을 마신다. 그런데 그 가격이 무척 저렴하다. 그러다 보니 동네에 알코올 중독자가 꽤나 많이 있다.

7장

여성,
그 강인한 생명력

　남수단 마디 부족 여성들뿐 아니라 남수단 여인들은 대체로 덩치가 무척 크고 힘이 좋고 억센 편이다. 딩카(Dinka), 누에르(Nuer), 실룩(Shilluk) 등 소위 쿠스족 계열 여성들의 덩치나 키는 웬만한 남자들을 능가한다. 장대 같다는 표현이 맞을듯싶다. 약간씩 다르긴 하지만 대부분 그렇다. 그러다 보니 여학생이라고 해도 남학생과의 싸움에서 절대 뒤지지 않는다. 가끔씩 학교 앞에서 남녀 학생이 일대일로 결투를 벌이는 걸 목격한다. 여학생이 치마를 입은 채 남자아이에게 발길질을 하는 모습이 사뭇 우스꽝스럽다.

　이 남녀 결투는 누군가 포기해야 끝난다. 아무리 코피가 터져도 주위의 선생님이나 어른, 학생 등 어느 누구도 말리지 않고 결판날 때까지 소리치며 서로를 응원하고 구경을 한다. 마치 닭싸움을 구경하는 것과 거의 같다. 이 일대일 싸움에 져서 얻어 터진 아이도 절대로 우는 법이 없다. 나는 여러 번 남자아이가 지는 걸 목격했다. 여자아이들의 힘이 무척 세다. 결코 또래 남자아이에게 지려고 하지 않논다. 어릴 때부터 마실 물을 길어 오느라 20리터 물통을 번쩍번쩍 들어서 머리에 이고 나르는 훈련이 되어 있어서 그런지 근력이 보통 강한 것이 아니다. 우리가 두 손으로 겨우 드는 그 물통도 번쩍 들어 머리에 얹어 손으로 잡지 않고서도 잘도 걷는다.

하지만 우간다 지역 마디 여성들은 비교적 작고 갸름하게 생겼다. 그래서 케레피 마을의 마디족 총각들은 우간다 여성에게 장가드는 걸 좋아한다. 우간다 여성들은 영어가 좀 되고, 글도 쓸 줄 알 뿐 아니라 남수단 여성들에 비해 더 온순하다고 본다. 반대로 가난한 우간다 여성들은 남수단 남자에게 시집오는 걸 좋아한다. 남수단에는 경작할 땅이 많고, 남자들도 더 책임감이 있다고 믿는다. 아무튼 참 묘한 풍습이다.

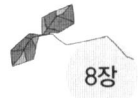

8장
열악한 보건의료시설

남수단의 가장 큰 문제는 뭐니 뭐니 해도 보건의료 부분이다. 더러운 물과 위생환경으로 다른 나라 같으면 쉽게 고칠 수 있는 질병으로 많은 사람들이 죽어가고 있다. 산모 100,000명당 약 2,000여 명이 출산 중에 죽는다는 UN의 통계가 있다. 내전과 에이즈로 인하여 많은 사람들이 소리 없이 죽어가는데, 이로 인하여 발생한 고아들만 거의 수백만 명이 넘는다.

그뿐 아니라, 거의 300만 명의 사람들이 전쟁의 후유증으로 인한 정신적 충격에 심한 고통을 당하고 있다. 아동 사망률 거의 25퍼센트가 말해주듯이, 이 땅의 아이들은 강한 자만 살아남게 된다. 무엇보다도 국민의 절반 정도가 영양실조 상태라는 보고가 있다. 바싹 말라 뼈만 앙상한 사람들을 많이 보게 되는데, 사람들이 먹을 게 너무 없는 것이다. 영양이 부족하니 질병에도 취약한 것은 당연했다.

2013년인가, 주바에 있을 때 말라리아로 입원한 어린아이 병문안을 위해 주바 어린이 병원을 찾은 적이 있었다. 그런데 병원 입원실에 침대가 부족하여 철 침대 하나에 어린아이 3명을 뉘어 놓았다. 그중 한 아이가 말라리아 타이포이드에 걸려서 고통스러워하고 있었다.

그때 갑자기 아이가 설사를 시작했다. 물론 입원실에 세면대나 물이 있을 리 없었다. 당황한 어머니는 손으로 아이의 배설물을 훔친 후 손수건으로 그걸 닦았다. 이런 비위생적인 환경에서 질병에 걸리지 않는 게 더 이상하다고 느껴졌다. 병실은 이미 초만원이었다. 그런데 계속 환자들이 오고 있었다. 보호자는 아이들을 병실 복도에 돗자리를 깔고 그대로 눕혀 놓는다. 그때 새로 들어온 한 아이가 고열로 경기를 일으키며 버둥대고 있었다. 몸이 불덩어리가 되자 어머니는 아이의 온몸을 다 벗겨 놓았는데 한참을 기다려 의사가 나타났다. 그리곤 하는 말이 '이미 너무 늦었다. 왜 이렇게 늦게 왔느냐'고 어머니에게 야단을 쳤다.

그 광경을 직접 옆에서 본 나는 너무 가슴이 아팠다. '이 아이는 이제 죽겠구나…어떡하지….' 나는 나도 모르게 다가가 아이 머리 위에 손을 얹고 기도를 하였다.

"주님, 제발 이 어린아이를 살려주십시오…너무 불쌍하지 않습니까?"

아이의 어머니는 눈물은 흘렸지만 아무 말이 없었다. 아마 체념하는 듯 보였다. 우리나라 같으면 어머니가 울고불고 야단일 텐데 너무 조용했다. 그리고 우리는 다른 일로 인하여 병원을 나왔다. 호텔에 돌아와서도 그 아이를 위한 기도가 절로 나왔다. 다음 날 궁금해서 도저히 견딜 수가 없었다. 나는 나를 안내하던 친구와 함께 어제 그 어린이 병원에 한 번 더 가보자고 하였다. 그 아이가 어떻게 되었는지, 죽었는지 살았는지 알고 싶었다. 그런데 할렐루야! 그 아이가 병실 안의 침대에 누워 자고 있었다. 기적적으로 열이 내려 살았다는 것이다.

"오! 주님, 감사합니다."

옥수수는 세계 3대 주식작물의 하나인데, 우리 지역 마디 사람들의 주식은 거의 대부분 옥수수와 삶은 콩이다. 그 땅에 살면서 나는 이들의 음식과 관련한 재미있는 사실을 하나 발견하였다. 많은 사람들이 여러 가지 질병에 시달린다는 것이었다. 사람들은 틈만 나면 우리 집에 와서 약을 달라고 하는데 어른들은 대부분 위장병, 아이들은 피부병이다. 위염은 소화가 잘 안 되는 옥수수를 매일 먹어서 그렇고, 피부병은 피부가 꽈리처럼 부풀어 오르고 온몸에 붉게 퍼지는데 바르는 약은 소용이 없었다. 주사를 맞거나 약국에서 약을 사먹어야 가라앉는다. 하지만 얼마 안 가 또 재발한다. 이런 질병의 원인이 영양의 불균형과 염증을 일으키는 옥수수에서 비롯된다는 것을 알았다. 옥수수는 위에서 소화시키는 시간이 길다. 군것질이나 먹을 것이 별로 없는 상황에서 옥수수는 든든하게 배는 채워 주지만 또 다른 문제점을 야기하는 것이다.

옥수수를 먹여 키우는 소들은 성장 기간이 매우 짧다고 한다. 그것은 옥수수를 사료로 사용하기 때문인데, 풀을 먹이면 거의 5년은 키워야 큰 소로 자라지만 옥수수를 먹이면 1년이면 다 자란다고 한다. 또한 풀을 먹은 소는 단백질과 지방이 균형을 이루지만 옥수수 사료로만 키운 소는 포화지방이 10배 이상 많아진다는 것이다. 따라서 이 옥수수를 주식으로 먹는 사람들도 소와 마찬가지로 빨리 자라고 살이 오르는 등 영양의 불균형이 생긴다는 것이다.

처음에는 잘 몰랐는데, 나중에 보니 이 부족은 놀라울 정도로 성장 속도가 빨랐다. 갓난아이도 눈을 부리부리하게 뜨고 출생한다. 때로 태아가 어머니 뱃속에서 너무 크게 웃자라서(보통 4.5kg 정도이지만 어떤 땐 5Kg도 넘는다) 산모가 출산 중 사망하기도 한다. 이렇게 아이가 너무 크면 이곳에서는 수술을 하게 되는데, 그래서 이 나라는 산모사망률이 매우 높다.

    우리 신학교 학생들 중 다른 부족 학생들이 말하기를, "마디 사람들은 너무 가난하다. 여긴 먹을 게 너무 없다. 허구한 날 옥수수만 먹고 어떻게 살아가지?"라고 불평을 하였다. 우리 신학생들의 급식도 이 옥수수이기 때문이다.

    이들 부족은 아이큐가 평균적으로 낮은 편이다. 이런 이야기를 들으면 그들은 화를 내겠지만 이건 사실이다. 아이들뿐만 아니라 어른들도 마찬가지이다. 한마디로 머리가 좋지 않다는 이야기이다. 도무지 깡통 머리이다. 가르쳐 줘도 도통 모른다. 케레피 야학 때도 그랬고, 고아원 아이들도 가르쳐 보니 이건 도무지 속이 터져서 가르칠 수가 없다.

    난민촌 학교에서 공부를 제일 잘하는 학생은 거의 대부분 딩카족이다. 초등학교는 물론이고 고등학교도 마찬가지이다. 1-2등은 거의 딩카족에서 나온다. 마디족과는 비교도 안 된다. 이 결과는 우리 신학교에서도 증명되었다. 같은 남수단 부족인데 딩카족, 실룩족 학생들이 공부를 참 잘한다. 외우고 이해하는 능력도 탁월하였다. 타고난 재능이 있었다. 이들은 목축을 주로 하는 부족들로서 어릴 때부터 우유와 소고기를 먹으며 살아온 종족이다. 딩카족이 왜 남수단의 여러 부족 중 지배부족이 되었는지 이해가 되었다.

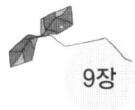

9장

장래 희망이 없는 아이들

　남수단에서 데레토 센터 건축이 끝나서 케레피 센터에서 데레토로 이사를 하였다. 이제 매월 300달러의 월세를 내지 않아도 되었다. 나는 틈틈이 이웃 마을들을 순회하며 지역 상황을 살피게 되었다. 사람들은 농사를 주업으로 하는 사람들이라 대체로 순박하고 온순하였다. 언젠가 가난하지만 공부를 하고 싶어 하는 아이들을 돕기 위해 초등학교에서 추천받은 아이들을 대상으로 설문조사를 실시한 적이 있었다.

　지역 내 케레피 초등학교, 데레토 초등학교, 케레피 차일드호프 초등학교 등 3개의 초등학교 학생들을 대상으로 조사항목에 생년월일, 부모의 이름, 좋아하는 교과목, 취미, 장래 희망 등을 적는 난이 있었다. 그런데 상당수 아이들이 자신의 생일을 몰랐다. 하긴 교육을 받지 못한 부모가 제대로 가르쳐 주지 않았을 것이다. 취미 항목에 아이들은 대부분이 노래, 춤추는 것, 그리고 축구라고 응답하였다. 그럼 장래 희망은? 아이들은 장래 희망에 대해 잘 모른다는 대답이 60

퍼센트가 넘었다. 자신의 꿈과 희망이 무엇인지 모른다는 대답이다.

아이들은 자라서 무엇이 되겠다는 꿈이 없다. 몇몇 남자아이들은 자동차 정비공, 운전기사, 의사라고 대답을 하였고, 여자아이들은 간호사, 그 외 수녀가 되겠다는 응답도 있었다. 그 지역에서 아이들이 직접 눈으로 보고 접할 수 있는 직업은 뻔하였다. 자동차 운전기사, 정비공, 병원 의사는 돈을 잘 버는 직업으로 인식되어 있고, 농사꾼은 매일 힘든 일을 해야 하므로 다들 기피하는 직업이었다. 그런데 이 아이들을 돕는 사역은 시작도 못해보고 흐지부지되고 말았다.

남자아이들에 비해 여자아이들의 직업 선택의 폭은 더 좁다. 놀랍게도 상당수의 여자아이들이 수녀가 되겠다는 응답을 하였다. 왜 수녀가 되려고 하느냐는 질문에 여자아이들의 대답은 한결같았다. 우선 수녀가 되면 먹고 사는 문제는 해결이 된다. 수녀가 되면 시집을 안 가도 되고, 아이 낳고 남편에게 구박받으며 농사일에 매달리지 않아도 된다. 깨끗한 수녀복을 차려 입은 수녀들의 모습이 아이들에겐 천사처럼 보였던 것 같다.

주바에서 병원사역을 하던 천주교 치프리아 수녀를 비롯한 한국 천주교 수녀 두 분이 우리 마을로 내려왔다. 가톨릭 수녀들은 치안이 위험한 주바보다 평온하고 안정된 케레피 지역이 자신들의 사역지로 더 맞다고 생각하여 로마 교황청의 승인을 얻어 사역지를 변경하였다. 우리 지역에는 100년이 넘은 가톨릭 성당이 있고, 가톨릭이 강세인 지역이라 더 마음에 들었을 것이다. 그런데 이 수녀분들이 우리 마을에 들어오자 성당을 다니는 여자아이는 자신도 수녀가 되겠다며 이 수녀들을 졸졸 따라다녔다.

이곳 마을 아이들에게는 특별한 놀이가 없다. 헝겊을 둘둘 말아서 공 모양으로 만든 볼을 차거나 거의 매일 모여서 춤추며 노래하는 일, 그리고 새총을 가지고 다니며 새를 잡는 일, 그리고 쥐사냥이다. 쥐 잡기는 남자아이들의 아주 특별한 놀이이다. 마치 우리가 어릴 때 개울에 나가서 고기잡이를 했던 것처럼, 이곳 아이들은 들판에서 야생 들쥐를 잡는다. 잡은 쥐는 불을 피워 그대로 구워 먹는다. 야생 들쥐는 에볼라 바이러스나 질병을 옮길지도 모른다고 주의를 주었지만, 먹을 게 없는 아이들에겐 최고의 간식거리였다.

어느 날 아침에 마을의 남자아이 두 명이 우리 집을 찾아왔다. 담장 너머로 내민 것은 살이 통통하게 찐 엄청 큰 들쥐 두 마리였다. 녀석들은 내게 쥐를 팔려고 흥정을 하였다. 이런 쥐는 통상 쥐덫을 놓아 잡는다. 나는 들쥐를 안 산다고 돌려보냈지만 못내 서운해하는 아이들에게 알사탕을 하나씩 나누어 주었다.

심각한 청소년 문제

    2014년쯤으로 기억된다. 어느 날 밤 우리 동네 케레피 센터 부근 주택가에서 큰 소란이 발생했다. 사람들이 몰려와 어떤 집에 불을 질렀다. 불기둥과 함께 시커먼 연기가 피어올랐다. 어느 여인의 외마디 울음소리, 그리고 사람들의 함성, 웅성거리는 소리가 섞여 난리가 났다. 보스코에게 무슨 일인가 알아보라고 하니 마을에서 끔찍한 살인사건이 생겼단다. 두 명의 여학생이 남학생 하나를 팡가(Panga)로 내리쳐 살해하고 도망하는 끔찍한 일이 발생한 것이다. 이 여학생은 좋아하는 남자친구가 변심하고 다른 여자친구를 만나는 걸 보고, 다른 친구와 모의하여 그 남학생을 죽인 것이다. 말하자면 치정살인이 발생한 셈이다. 마을 사람들은 그 여학생의 집으로 우르르 몰려가서 혼자 사는 그 어머니를 집단으로 거의 실신할 정도로 두들겨 패고 집과 가재도구 등을 다 불질렀다. 그리곤 그 어머니를 케레피 마을에서 추방했다. 홀로 살아가던 이 불쌍한 과부는 그 길로 어디론가 쫓겨났다. 청소년 범죄의 한 예이다.

홧김에 친구를 살해한 이 여학생 두 명은 그길로 도망을 가서 낮에는 숲속에 숨고 밤에만 이동을 하는 전략으로 수도인 주바 쪽으로 도망을 쳤지만, 결국 중간 검문소에서 붙잡혔다.

　남수단의 부족에는 아직 이런 전통적 사형제도(私刑制度)가 존재한다. 마을공동체 안전이 우선이다. 이것이 그들의 법이고 전통이고 관습이기 때문이다. 그래서 이들은 다른 부족 사람들이 자기 마을에 들어와 사는 걸 허락하지 않는다. 도둑질을 하다 잡히면 거의 반 죽도록 매를 친다. 무서운 자치 규율이다. 부족의 이러한 관습은 지역 경찰도 감히 통제를 하지 못한다. 그런 강제 규범이 마을 질서를 최소한 유지했는지도 모른다. 마을에는 도둑이나 죄인들을 가두는 자체 수용시설이 있다. 사설 교도소인 셈이다.

　2015년, 한국군 평화유지군 부대가 파병되어 있는 동북 측 종글레이 주 보르 지역에서 유엔의 보호를 받는 누에르족 난민촌을 방문한 적이 있다. 거기서도 컨테이너 죄수 수용시설을 보았다. 도둑질을 하다 들키면 잡히지 않도록 죽을힘을 다해 도망을 가는 이유를 알 것 같았다. 이들에겐 국가의 공권력보다 자체 규범이 우선한다. 인권, 뭐 이런 단어는 없는 것 같았다.

　이 부족의 이런 관습은 같은 우간다 북측 마디 거주지인 아주마니에서도 수시로 접할 수 있다. 한번은 우리 집에 도둑이 들었다. 고장 난 봉고 화물차를 고치기 위해 차량 배터리를 새로 사왔다. 우리 집은 튼튼한 철제 펜스가 설치되어 있어 외부인이 침입하기가 쉽지 않다. 그런데 어느 날 철망을 뚫고 도둑이 침입하여 그 배터리를 훔쳐 갔다. 건식 배터리라서 시장에서는 150달러 정도는 줘야 살 수 있는데 그걸 노렸다. 도난당한 것을 안 것은 한참 지났을 때였다. 범인은 매일 밤마다 와서 조금씩 철망을 절단한 뒤 개구멍을 만든 것이었다.

　그 후 몇 달이 지났을 때, 동네 재래시장 아원드리 마켓 근처에서 어떤 소년이 도둑질을 하다 잡혔다. 사람들은 이 소년을 잡아서 추궁하기 시작하였다. 다른 물건도 훔쳤는지 자백을 강요하였다. 아이는 겁에 질려 모든 것을 실토하였다. 그중에 우리 집 배터리를 훔쳐 간 것도 포함되어 있고, 또 다른 가게에서 비싼 물건을 훔친 것도 드러났다. 이 아이는 상습절도범으로 판명이 났다. 흥분한 마을 사람들은 이 아이를 집단으로 두들겨 패서 그만 그 자리에서 죽고 말았다. 그 말을 들은 나는 마음이 무척 괴로웠다. 만약 그 아이가 우리 집에 배터리를 훔치러 들어왔을 때 미리 잡았더라면 더 큰 도둑질을 안 했을 텐데…너무 후회가 되어 도둑을 막지 못한 우리 집 경비 보스코를 심하게 야단을 쳤다.

다음으로 매우 심각한 문제는 청소년들의 성 범죄이다. 이런 문제는 비단 이곳 아프리카만이 아니라 세계 어느 나라나 비슷하겠지만, 남수단의 경우는 특별히 의료적인 뒷받침이 없을 뿐 아니라 부모나 사회의 무관심으로 어린 나이에 임신한 여자아이들이 너무 많다. 어느 통계에 의하면, 우간다에서는 2020년부터 시작된 코로나 봉쇄 조치로 각급 학교가 문을 닫자, 전국적으로 거의 수천 명의 여학생들이 임신을 하였다고 한다. 이곳 남수단 난민촌도 예외가 아니어서, 우리 고아원에 있다가 난민촌으로 되돌아간 고아 여자아이 한 명도 이 코로나 봉쇄기간 중에 임신을 하여 졸지에 아이 엄마가 되고 말았다. 가정에서 버림받고, 학교생활에도 적응하지 못하는 청소년들은 이런 유혹에 더 쉽게 넘어간다.

수도 주바나 도시 학교로 딸을 유학 보낸 부모들은 어느 날 뜬금없이 자기 딸이 아이를 안고 집에 돌아오는 일을 접한다고 한다. 나와 함께 일을 하던 데이빗 목사 역시 그랬다. 그는 두 딸이 모두 미혼모가 되어 돌아왔다고 내게 하소연을 하였다. 남자는 사귀는 여자

아이가 임신을 하게 되면 아예 도망을 가버린다. 결혼을 하려면 딸의 부모가 거액의 지참금을 요구하기 때문이다. 이런 일들을 당한 사람들도 그저 쉬쉬하고 덮어 버린다. 결국 이렇게 낳은 아이들은 고아가 되어 결국 할아버지나 할머니의 양육 책임으로 돌아온다. 때문에 선교사로서 가장 곤혹스러운 일이 이 부분이다. 고등학교에는 이렇게 어쩌다 아이를 가진 미혼모들도 많이 다니지만, 초등학교에서 여자아이가 이렇게 임신을 하게 되면 그 아이는 학업을 포기해야 한다.

약 2년 전 장애인 후원 프로그램의 일환으로 아고조 난민촌에서 대두증을 앓고 있는 브렌다라는 14개월 된 여자아이 집을 방문하였다. 브렌다는 태어날 때부터 머리에 물이 차고 붓는 대두증(大頭症)이란 희귀병을 가지고 태어났다. 그래서 캄팔라의 큰 병원에서 머리에 가느다란 관을 삽입하여 정기적으로 머리에 고인 액을 빼내고 있었다. 그러지 않으면 머리가 점점 부어올라 매우 고통을 느끼게 되는데 통상 길어야 열 살 전후에 죽는다고 하였다.

아이 엄마는 인근 초등학교 5학년, 아빠는 초등학교 6학년 때 덜컥 임신을 하였다. 아이가 생기자 겁이 난 이 여학생은 아이를 낙태시키기 위해 아프리카 민간요법에서 주로 사용한다는 약을 먹었다. 하지만 실패하여 결국 아이를 낳게 되었는데 그 후유증으로 장애아를 낳은 것이었다. 아이의 아버지는 이제 갓 고등학교 1학년이었다. 한창 공부할 나이에 그만 아빠가 된 것이다. 결국 이 장애 아이는 1년 후 말라리아에 걸려 사망하게 되었다. 이 아이의 부모와 인터뷰하면서 이 나라의 어려운 청소년 문제를 인식하게 되었다.

그런데 이런 케이스는 너무나 흔하고 또 빈번하여 더 이상 이상할게 없다. 제대로 된 아프리카 부족 선교를 위해서는 이런 부분들까지 세심하게 신경을 써야 하는데, 아직 힘이 이에 미치지 못하여 항상 안타까울 뿐이다.

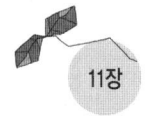

11장

겉도 검고,
속도 검구나

조선 개국공신인 이직(李稷)의 시 중에 이런 시조가 있다.

까마귀 검다 하고 백로(白鷺)야 웃지 마라
겉이 검은들 속조차 검을소냐
아마도 겉 희고 속 검은 것은 너뿐인가 하노라

갑자기 웬 백로 이야기냐고? 내가 아프리카 남수단 원주민 사역을 하면서 가장 많이 느낀 곤혹스러움은, 도무지 알 수 없는 검은 피부 사람들의 속마음 때문이었다. 물론 다 그런 것은 아니다. 개중에는 참으로 순박하고 착하고 양심적인 사람들도 많이 있었다.
그런데 아주 능청스럽게 거짓 연기를 잘하는 사람들이 있다. 이들은 자기를 잘 포장하고 양심적이고 정직한 것처럼 연기를 한다. 법적·사회적 검증 시스템이 없다 보니, 이런 원주민들의 연기에 상황을 잘 모르는 나 같은 외국인은 꼼짝없이 속을 수밖에 없다. 처음 남수단 사역을 시작할 때 어떤 선교사님이 내게 한 말이 생각이 난다.

"나는 현지인들이 콩으로 메주를 쑨다고 해도 안 믿습니다."

은행에서 인출하는 현금 다발 한 묶음 속에서 지폐 한두 장씩 빠지는 건 흔한 일이다. 일일이 다 세어 봐야 하지만 그게 보통 일이 아니다. 시간도 없고 걸레같이 다 떨어지고 냄새나는 헌 지폐를 세기 어려워 그냥 가지고 오면 꼭 나중에 탈이 생긴다.

이처럼 필요 없는 일들에 시간을 많이 낭비하게 되는데, 그때마다 나도 서서히 속이 검은 사람이 되는 것 같아서 씁쓸하다. 그동안 이들의 능청스러운 거짓말에 당한 것이 한두 번이 아니었다. 이들은 자신은 깨끗하다고 이야기하면서 속마음을 좀처럼 잘 드러내려고 하지 않는다. 어느 집이든 창문은 항상 커튼으로 꽁꽁 가려져 있다. 마음도 역시 몇 겹의 커튼으로 가리고 있는 듯하다.

서로에게 마음이 닫혀 있다. 형제에게도 마찬가지이다. 무슨 비밀인지 비밀들이 참 많다. 그러다 보니 서로를 믿지 못하는 것 같다. 폐쇄된 생활 습관이 몸에 배어 있는 사람들의 특징인 인간관계의 문제가 여기에서부터 생긴다. 이 같은 관습은 부족국가인 남수단의 가장 큰 문제점이다. 부족 간의 싸움 역시 이런 사소한 다툼에서 출발을 한다.

다음으로 또 다른 문제는, 이들은 마음의 분노를 조절할 줄을 모른다. 그걸 이기지 못하여 대형 사고를 내곤 한다. 한번은 어느 교회 목회자가 농약을 마시고 자살을 기도한 적이 있었다. 듣고 보니 그 이유가 매우 황당하였다. 이웃집 소 떼가 자기네 옥수수 밭에 들어가 자라는 옥수수를 다 뜯어먹었다는 것이다. 그는 금년의 옥수수 농사를 다 망쳤다고 낙심하여 농약을 마신 것이다. 다행히 응급조치를 하여 죽지는 않았는데, 이처럼 분노를 잘 다스릴 줄을 모른다.

또한 한번 마음의 문을 닫으면 좀처럼 열지 않는다. 10년이고 20년이고 마음에 간직하는 것이다. 그리곤 마음의 분을 그대로 깊이 간직하였다가 나중에 폭발시킨다. 참 무서운 기질이다.

언젠가 지역의 목회자 두 사람이 심각한 논쟁을 하였다. 그중에 한 사람이 극심한 분노를 표하였다. 20년 전 어떤 사건의 그 치욕을 지금도 기억하고 있다고 하면서 분을 삭이지 못하였다. 20년 전의 사건이 아직도 그들의 마음을 괴롭히고 있었다니…. 이건 여간 심각한 일이 아니다. 그래서 아프리카 원주민 선교사는 주위 사람들과 절대로 다투어서는 안 된다. 어떤 무서운 결과가 생길지 모르기 때문이다. 속아도 모르는 척해야 하고, 책망할 것은 말씀을 근거로 해야 한다.

언젠가 우리 신학생들과 남수단 사람들의 이런 습관에 대해 서로 토론한 적이 있었다. 그들도 다 인정하였다. 만약 무기를 지니고 있었다면 분명 큰 사고를 내게 되어 있다. 그래서 내가 정중히 반문하였다.

"왜 당신들은 겉만 검은 것이 아니라 속까지 검은가?"

난민 캠프에서 사역을 시작하다

사막에
길을 내시는 여호와

2016년 8월 11일

나는 거의 파김치가 된 지친 몸을 이끌고 한국으로 돌아왔다. 그리곤 아무 생각도 하지 않았다. 앞으로 어떻게 하는 것이 좋은지 사람들과 의견을 나누었지만 대답은 한결같이 좀 쉬면서 몸을 추스르라는 말뿐이었다. 나는 아래 세 가지를 두고 기도하기 시작했다.

첫째, 남수단 선교를 포기하는 방법(당분간 선교지로 돌아가기는 어려우므로).

둘째, 난민촌에서 난민사역을 하는 방법.

셋째, 다시 평화가 올 때까지 기다리는 방법.

그런데 어떤 결정도 쉽게 나오지 않았다. 온갖 별의별 생각들이 다 떠올랐다.

첫 번째, 선교 포기? 이건 아직 이르지 않은가?

두 번째, 난민사역? 참 좋은데 이건 후원 없이는 불가능하다. 누가 이 일을 하지?

세 번째, 평화? 그런데 언제 그 땅에 다시 평화가 올 수 있을까?

그런데 당시 내가 공부한 횃불트리니티 신학대학원대학교의 이정숙 총장님께서 학교 목요 채플시간에 내게 선교보고를 할 기회를 주셨다. 나는 그간의 남수단선교 진행 과정과 내전으로 인한 피해 상황, 긴급 탈출 과정 등을 담담하게 설명하고 함께 기도해 줄 것을 요청하였다.

그 뒤 놀라운 일이 일어났다. 성령의 감동을 받은 많은 분들이 적극적인 반응을 보이기 시작하였다. 먼저 트리니티 엔젤 팀원으로 2015년에 함께 남수단을 찾았던 분들이 적극 동참하여 난민사역을 위한 구체적인 기도 모임을 만들게 되었다. 이 일에 가장 주도적으로 참여하신 분들이 유상용, 조용준 두 분이었다. 유상용 목사님은 자신의 사무실을 선교회 기도 모임 장소로 제공을 하였다. 다른 팀원들은 정기적으로 기도회 모임을 가지는 등 함께 마음을 모으게 되었다. 여기에서 나온 최종 결론은 함께 난민사역을 추진해 보자는 결정이었다. 그런데 나 혼자 과연 난민선교를 감당할 수 있을까 하는 걱정도 했지만, 주님이 내게 주시는 말씀은 단 한 가지였다.

"우는 자들과 함께 울라"(롬 12:15).

그러자 선교하는 기업인 유환아이텍(유창수 대표)에서 가장 적극적으로 나섰다. 유창수 대표님은 매년 회사 수익의 일정 부분을 선교와 봉사, 구제와 나눔에 실천하는 분이시다. 그리고 이빛선교회, 조에선교회 등 여러 선교회 모임들도 함께 기도하며 우리의 남수단 선교에 동참하게 되었다. 하지만 누가 뭐라 해도 나는 이 일은 하나님께서 하신 일이라고 확신한다. 모두 횃불트리니티 동문들이지만 사실 그전까지는 나와는 전혀 교류가 없는 분들이었기 때문이다.

우리는 남수단 케레피에서 시작한 레인보우 프로젝트 사역들을 난민촌에 그대로 적용하기로 하고, 그 구체적인 실행안을 만들었다. 그 안에는 교육지원사역(유치원, 초등학교), 목회지도자 양육사역(신학교), 고아원 사역, 난민구제 및 구호사역, 교회개척사역, 의료사역 등이 포함되었는데, 이제 기적적으로 이 모든 것들이 하나씩 구체적으로 진행이 되기 시작하였다. 그리고 그 타이틀을 하나님의 선교, 엔젤 프로젝트로 변경하게 되었다.

하나님께서는 남수단 난민들, 가난한 고아와 과부들의 울부짖음과 고통을 들으시고 우리 모두를 불러 사용하셨다. 이제부터 일은 우리의 상상을 초월할 정도로 빠르게 진행되기 시작하였다.

2장

일을
성취하시는 여호와

난민사역은 많은 재정과 인력, 그리고 시간이 소요되는 일이어서 개인적으로는 쉽게 시도할 수 없고, 또 일반 개인들의 난민촌 활동에는 여러 가지 제약이 많다. 도로개설, 수도공급, 긴급 의료지원 등 큰 일들은 월드비전, 세이브더칠드런, 플랜 등 대형 국제 NGO들의 몫이다. 실제로 우간다 북부 아주마니 난민촌에는 세계 여러 나라의 내로라하는 NGO들이 대거 몰려 있다. 스웨덴, 노르웨이, 덴마크, 미국, 영국은 물론 아프리카의 여러 중소규모 단체들도 몰려와 일을 한다.

다들 참으로 열심히들 일을 하고 있다. 그리고 그 규모가 엄청나다. 이들은 무너진 다리를 보수하기도 하고, 우기철에 움푹 파인 도로를 보수하는 일을 하기도 하며, 가난한 학생들에게 장학금을 지급하거나 긴급 의료구호활동을 하기도 한다. 하나씩 따지고 보면 이들은 크게 드러나지 않지만 참으로 엄청난 일을 하고 있다. 만약 UN이 없었다면 상당수의 난민들이 죽어 나갔을 것이다.

하지만 이들의 문제는 영적 구호활동은 하지 못한다는 데 있다.

사람들을 영적으로 일깨우고 세우는 일들에는 별 관심이 없다. 결국 이 틈새의 일들은 우리 선교사가 해야 한다. 실상 가장 중요한 것이 바로 영적인 돌봄이다. 소외되고, 억눌리고 고통받는 난민들에게 복음과 빵을 제공하며 낮은 자리에서 이들을 섬기는 선교 봉사사역도 매우 중요하다. 우리 멤버들은 이 일들을 하나씩 추진해 나가기로 결정을 하였다. 생각해 보면 모두들 겁이 없었다. 얼마나 큰 어려움들이 있을지 아무도 예상을 하지 못했다. 우리 부부는 다시 난민촌이 있는 우간다로 돌아왔다.

2016년 10월, 우리는 우간다 북부 아주마니(Adjumanii) 타운에 거주할 주택을 겨우 구했다. 당시 각국에서 몰려든 사람들로 인해 타운에는 마땅한 주택이 없었다. 집을 구한 다음에 살림살이를 다시 장만했다. 침대, 가스레인지는 물론 하나부터 열까지 다시 시작을 해야 했다. 일을 다시 시작하려니 부족한 게 너무 많았다. 생각하다 못해 결국 남수단 데레토에 두고 온 우리 짐들을 반출하기로 결정하였다. 이것은 결코 쉽지 않았지만, 다시 한번 도전하기로 결정하였다.

우리는 대형 컨테이너 트럭을 임차하여 데레토에 다시 들어갔다. 그때가 2017년 4월이었다. 남수단은 그 당시에도 매우 치열하게 싸우는 중이었다. 남수단으로 입국하는 것과 물품을 외부로 반출하는 것은 매우 위험하고 절차도 까다로웠다. 우선 내가 살던 데레토 마을은 내전 발발 지역이고 위험지역이라서, 거기에 들어가기 위해서는 니물레 SPLA 군부대장의 출입허가, 그리고 지방행정 책임자인 커미셔너의 별도 승인을 받아야 했다.

이날 아침부터 시작한 출입허가 행정절차는 정오가 다 되어서야 겨우 끝이 났다. 물론 그들은 매 건마다 돈을 요구하였다. 그리고 나니 일단의 군인들이 우리를 호송했다. 다행히 니물레 지역에서 오랜 친분이 있던 특공대원(일명 타이거부대) 한 명도 중무장을 하고 나를 가이드해 주었다. 데레토에 도착하여 다시 마을에 있는 주둔군 부대장을 찾았다. 이 부대는 마을에서 가장 큰 전직 케냐 대사의 집을 접수하여 군부대 본부로 사용하고 있었다. 바로 그 뒤에 우리 집이 있었기 때문에 지역 군부대장의 협조가 필요하였다.

부대에 도착하니 군 부대장과 책임자가 나를 반갑게 맞아 주었다. 귀한 손님이라고 부하들이 들판에서 사냥한 야생 가젤을 요리하여 먹으라고 가지고 왔다. 우리 일행은 군인들이 제공한 옥수수 가루 뽀쇼와 야생 가젤 고기로 늦은 점심을 해결하였다. 넓은 집 마당에는 망고가 주렁주렁 달려 있었다. 케레피의 망고는 맛이 좋기로 유명하다. 부대원 일부가 망고 열매를 가득 따서 전해주었다. 우리가 움직이는 동안 주위는 병사들이 사방경계 보초를 서 주었다.

그리고 우리는 부대장과 함께 부대 뒤에 위치한 우리 집을 찾아갔다. 물론 중무장한 군인들이 삼엄하게 경계 보초를 섰다. 그때의 따가운 주목과 시선을 지금도 느낄 수가 있다. 아직도 숲에서는 반군들이 포진하고 있었기 때문에 이 군인들 역시 반군들을 두려워했다.

그런데 9개월여 만에 다시 찾은 데레토 우리 집은 그야말로 쑥대밭이 되어 있었다. 군인들이 지붕의 함석을 다 걷어가서 빗물이 거실에 잔뜩 고여 있었고, 책장의 책들은 다 썩어 온통 폐지가 되어 있었다. 창호, 철제 게이트, 심지어 거실 바닥의 타일까지 다 걷어갔다. 폐가가 된 우리 집을 보니 기가 막혔다. 망연자실 그 자체였다. 나는 부대장에게 마구 소리쳤다.

"내가 그렇게 우리 집을 좀 지켜 달라고 했는데 누가, 왜 이렇게 만들었나요?"

"우리 아이들이 한 짓이 아닙니다. 지난번 주둔군 부대원들이 한 짓입니다."

"아니, 그래도 그렇지, 민간인 집들을 이렇게 파괴하고 훔쳐가서야 되겠습니까?"

사실은 내전이 나서 우간다로 대피할 때, 당시 지역 군 부대장을 직접 만나서 잠시 한국에 다녀올 테니 우리 집을 좀 지켜 달라고 신신당부까지 한 터라, 내가 받은 배신감은 말할 수 없었다. 부대장은 미안한지 서둘러 우리 집을 떠났다. 다시 부대에 돌아오니 수염이 덥수룩한 어떤 군인 지휘관 한 명이 내게 다가와 위로를 했다. 그런데 그의 말이 아주 걸작이었다.

"욥의 경우를 생각하세요. 그리고 너무 상심 마세요. 고난은 또 다른 축복입니다."

그 사람은 아주 태연하게 이 말을 하였다. 이 말을 들으니 더 이상 불평하고 소리치며 난리를 칠 수가 없었다. 그러고 보니 지난번에 군부대 교체가 있었다. 내전 초기에 주둔했던 부대원들이 워낙 난폭하게 마을을 파괴하고 주민 약탈을 하여 민원이 발생하자 아예 부대 전체를 바꾼 일이 있었다. 창고에 보관 중이던 솔라 판넬, 배터리, 컴퓨터, 옷 등 상당 부분이 약탈을 당하였지만, 그래도 일부 남은 집기와 남은 판넬 등을 차에 싣고 나니 저녁 8시가 넘었다. 우리는 니물레에서 하룻밤 묵고 다음 날 새벽 일찍 국경을 넘어 우간다로 들어왔다. 이제 본격적인 난민사역이 시작되었다. 놀랍게도 하나님께서는 내가 할 일들을 미리 다 준비하고 계셨다.

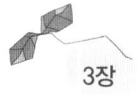

3장

고아원 사역

난민촌에서는 우선 여러 난민촌(바게리냐, 마지 2, 3, 아고조, 보롤리 2, 3, 아일로, 울루아, 윰베의 비디비디 등)을 돌아다니며 흩어진 우리 마을 사람들을 만나고 그들을 위로하고 상담하는 게 첫 번째 과제였다. 그리고 나는 교회개척이 필요한 난민촌 지역들을 답사하였고, 난민들의 필요와 일의 우선순위를 정했다. 바게리냐 난민촌을 찾아갔을 때 한국으로 돌아간 줄 알았던 내가 다시 나타나자 마을 주민들이 무척 반가워하였다. 우리 교회 아이들도 나를 보자 공부를 계속하고 싶으니 제발 좀 데려가 달라고 울면서 하소연을 하였다.

어떤 집은 아이들이 비좁은 텐트 움막에 무려 7-8여 명이 엉켜서 살고 있었다. 이들의 환경은 그야말로 최악이었다. 돌아와 며칠을 고민한 끝에 고아들을 돌보기로 결정하였다. 먼저 흩어진 아이들을 데려올 고아원을 만들어야 했다.

하지만 고아원을 운영할 만한 별다른 재정이 없이 시작하는 만큼, 우선 아고조 난민촌에 아이들이 거처할 숙소를 임시로 지었다.

목재와 함석으로 칸을 막아 방을 두 개 만들었다. 그리고 바게리냐, 마지, 모요 등 난민촌을 돌며 남수단 우리 동네 아이들을 먼저 데리고 왔다. 서로 우리 고아원으로 오겠다고 우는 아이들을 간신히 떼어 놓고, 부모가 없는 아이들만 우선 선발해 데리고 나올 땐 참 마음이 괴로웠다. 우리 형편상 다 수용할 수가 없었기 때문이다. 그때를 생각하면 지금도 마음이 짠하다. 선택된 아이들은 너무 행복해하였다.

그런데 그해 12월 연말에 기쁜 소식이 하나 들렸다. 분당우리교회가 성탄절 헌금 전액을 국내외 어려운 50여 곳에 나누어 구제금으로 보내는데, 그중에 우리 난민촌 고아원이 선정됐다는 소식이었다. 그 교회 성도들 중 누군가의 추천이 있었다고 하는데, 나는 사실 그 교회에 대해 아는 바가 전혀 없었다. 뜻밖에 이 귀한 성탄 선물(1,000만 원)을 받고 너무 기뻐 그 즉시 여자아이들 숙소 신축을 시작하였다. 그 뒤로 모든 일은 당초 계획대로 하나하나 진행되기 시작하였다.

뒤를 이어서 유환아이텍이 남자아이들 숙소를 하나 지어 주었고, 조에선교회와 탤런트 명세빈 씨는 고아원에 우물을 파주었다. 이 지역은 물이 잘 안 나오는 고지대인데 기적적으로 수맥을 하나 찾았다. 이곳 아주마니 지역에는 미국이나 영국, 네덜란드 등의 지원을 받는 고아원은 있는데, 이제 유일하게 한국 선교사가 운영하는 난민촌 고아원이 세워지게 되었다. 사막에 길을 만드시고 물길을 내시는 하나님의 은혜를 우리는 직접 체험하였다. 참으로 놀라운 기적이었다.

고아원이 서서히 그 모습을 갖추어 가자 문제가 하나 생겼다. 어느 날 갑자기 지역 UN 관할 본부에서 나를 호출하였다. 우리 고아원 운영에 제동을 걸어온 것이다. 우간다 고아들을 제외한 남수단 난민 아이들은 다시 난민촌으로 돌려보내라는 것이었다. 그들의 주장도 일리가 있었다. 남수단 난민들은 UN 소속인데 당신은 왜 승인 없이 아이들을 데리고 나왔느냐는 것이었다. 법적 문제가 있으니 이미 만들어진 고아원은 UN에 넘기고, 정 돕고 싶으면 후원 경비만 부담하라는 내용이었다.

나는 남수단에서부터 오래 함께 지내던 우리 아이들이라 버릴 수가 없으니 당신들이 정 데려가고 싶으면 알아서 데려가라고 그들의 제안을 거절하였다. 창세기 26장에서 아브라함이 팠던 우물을 블레셋 사람들이 메워 버리고, 또 이삭이 우물을 팔 때 그랄 목자들이 나타나 그것을 빼앗으려는 장면과 비슷한 느낌이 들었다. 아무리 설명을 해도 그들에겐 통하지 않았다.

내가 말을 듣지 않자, 이들은 어느 날 갑자기 유엔산하 미국 구호단체 LWF 직원들, 그리고 경찰들을 대동하여 아이들을 체포하러 학교까지 찾아왔다. 그러나 아이들은 다시는 그 지긋지긋한 난민촌으로 못 간다며 모두 숲으로 도망을 갔다. 이 문제는 지역 이슈가 되어 경찰서장, M.P(국회의원)까지 나서서 우리를 옹호하였다. 이는 참으로 하나님의 도우심이었다.

이후 우리 고아원은 지역 내에서 가장 멋지고 모범적인 고아원으로 인정을 받게 되었다. 결국 고아원을 빼앗으려고 이런 일을 시도했던 그 직원은 다른 곳으로 전출되었다. 이 일은 하나님이 우리와 함께 일하심을 보여준 사건이었다.

하지만 이 고아원 사역은 그리 쉽지 않았다. 아이들에게 먹을 것을 주고 입을 것을 주는 것으로 끝나는 게 아니었다. 종족 간의 갈등은 여기에도 존재하였다. 야생마같이 거칠게 자란 아이들을 순한 양처럼 만드는 데는 많은 시간과 인내와 사랑이 절대적으로 필요하였다.

언젠가 마지 3 난민촌에서 3명의 딩카족 고아들을 데려왔다. 이 아이들은 남수단 바르엘 가잘 지역에서 피난을 온 아이들인데, 마디족 아이들에게 딩카족은 뿔 달린 짐승처럼 인식이 되어 있었다. 남수단에서 지배부족인 딩카족에게 여러 가지 수모를 당한 터라 두 부족 간의 갈등은 생각보다 깊었다. 이 때문에 울루아 난민촌에서는 마디족과 딩카족 사이에 집단 패싸움이 벌어져, 마디족들이 딩카족 거주 난민촌의 집에다 불을 지르는 엄청난 폭력사태가 발생하기도 하였다. 이러니 사람들은 남수단의 평화는 아직 요원하다고 이야기들을 한다.

고아원에 3명의 딩카족 아이들이 새로 들어오자 묘한 긴장감이 흘렀다. 여자아이들은 별 문제가 없었지만 문제는 남자아이들이었다. 어느 날 밤중에 남자아이 하나가 소리치며 큰 소리로 우는 것이었다. 마디족 두 명이 딩카족 아이 한 명에게 집단으로 린치를 가한 것이었다. 녀석들이 팡가를 들고 새로 들어온 딩카족 아이를 죽인다고 위협을 가했다는 것이다. 나는 남자아이들을 전원 집합시키고 호되게 야단을 쳤다. 너희들은 모두 부모가 없는 고아들이고, 내가 너희들의 아버지인데 누구 맘대로 나가라 마라 하며 싸우느냐고 야단을 쳤다. 그 뒤로 아이들은 서로에 대한 이해를 넓혀가며 한 가족의 구성원으로 잘 지내게 되었다.

우리 고아원 아이들은 매우 특별하게 영적 훈련을 받는다. 매일 아침 6시에 모두 모여서 새벽예배를 드리고, 저녁에도 8시부터 9시까지 저녁예배를 드려야 한다. 그러자 야생마 같던 아이들이 하나둘 변하기 시작하였다. 공부도 잘해서 대부분이 상위권이다. 만약 아침예배에 불참하게 되면 앞마당을 열 바퀴씩 뛰어야 한다. 말씀과 기도로 훈련을 받은 아이들은 기도와 봉사에도 매우 열성적이다. 매일 매일 너무 감사한 일들이 아이들을 통하여 일어난다.

이곳 아이들 중에는 의외로 야뇨증 환자가 많이 있었다. 나이도 많고 보기는 멀쩡한데 밤마다 오줌을 싼다. 이런 아이가 이층 침대에 자게 되면 아래층 아이는 자다가 난데없이 오줌 세례를 받게 된다. 아이가 오줌을 싸게 되면 그 아이는 젖은 매트리스를 말리느라 하루 종일 온통 난리이다. 어릴 때부터 불안한 가정 환경과 심한 구타, 그리고 심리적 요인이 병을 더 키운 것으로 판단된다. 오줌을 싸게 되면 같은 방 아이들이 돌아가며 한 대씩 매질을 하는데, 아이는 때로 소리치며 울기도 한다. 이게 이 부족의 습관이라고 한다.

  예전에 우리나라 사람들은 키를 지고 옆집에 가서 소금을 얻어 오게 했는데, 이들은 매를 치는 걸로 대신하는 것이다. 나는 아이들을 모아놓고 그건 해결 방법이 아니니 사랑으로 잘 감싸 주라고 이야기하였다. 여자아이들은 차츰 좋아졌지만 남자아이들은 해결이 되지 않아 아예 오줌싸개 전용 숙소를 지어 주었다. 이제 그 횟수가 점점 줄어들고 있으니 곧 오줌싸개 숙소를 나오게 될지도 모른다.

교육지원 사역

이곳 아주마니 지역에는 크고 작은 수십여 개의 남수단 난민촌이 흩어져 있다. 수용 인원만 거의 100만 명이 된다. 그중 마디족들이 주로 수용된 난민촌은 바게리냐, 마지 2-3 난민촌이었고, 기타 아고조, 보롤리, 울루아, 그리고 윰베 지역의 세계 최대 단일 난민촌인 비디비디 난민촌(수용 인원 25만여 명)도 있다. 그러나 가장 필요한 것은 교육시설이었다. 난민들이 몰려오자 맨 먼저 대형 국제 NGO 단체들이 앞장서서 각 지역 난민촌마다 초등학교를 짓기 시작하였다.

우리도 바게리냐 1 난민촌에 부족한 유치원을 짓기로 하였다. 하지만 UN 소유의 난민촌 부지는 입주 허가 절차가 매우 복잡하여 캠프 외곽의 민간인 토지를 구했다. 이 유치원 건축은 유환아이텍에서 후원하였다. 건설 경비가 마련되니 일은 일사천리로 진행이 되었다. 난민촌이라 일거리가 없는 원주민들에게 돈을 벌 수 있는 기회를 제공하게 되니, 이 일은 또 다른 난민구호 사역이 되었다. 하나님의 은혜로 이 유치원을 완공하여 Grace Nursery School이라고 이름 지었다.

유치원 부지는 약 2,000여 평으로 수용 공간은 충분했지만 한 반의 정원을 50명으로 제한하였다. 잘 가르친다는 좋은 평판이 났다. 국제적인 NGO 단체인 월드비전, 세이브더칠드런, 플랜 등이 운영하는 유치원도 좋지만, 그곳에는 워낙 많은 아이들이 몰려들어 수업을 제대로 할 수가 없었기 때문에, 많은 학부모들이 우리를 찾아와서 우리 은혜유치원도 입학 정원을 늘려 달라고 하소연을 하였다. 그래도 우리는 인원을 크게 늘리지 않았다. 양질의 교육을 위해 불가피한 조치였다.

그러던 중 어느 날인가, 내가 살던 남수단 케레피 마을 커뮤니티 멤버들이 나를 찾아왔다. 바게리냐 Ⅱ 난민촌에는 초등학교가 없어 자기네들이 마을 커뮤니티 학교를 만들려고 하니 학교를 좀 지어 달라는 것이었다. UN이 지은 초등학교가 있었지만 초만원이고, 또 거기에는 다른 부족들이 섞여 있어서 이들은 자기 부족 아이들만을 위한 학교를 세우려고 한 것이었다. 당시에 학교는 이미 시작을 했지만 아이들은 나무그늘 아래에서 야외 수업을 하고 있었다.

나는 남수단 데레토에서 전쟁으로 마무리하지 못한 빚도 있고 하여 어려운 가운데 교실 두 칸을 지어 주었다. 나는 이들 부족에게는 마을 공동체의 일원이었기 때문에 이를 거절할 수가 없었다. 이름하여 탄달라 초등학교인데, 탄달라(Tandala)는 마디어로 '텅 비어 있다'라는 의미이니 당시 학교의 상황이 어떠했는지 이름이 잘 말해주고 있다.

다음으로, 마지 3 난민촌은 여러 부족들이 섞여 있는데, 그중에 가장 못 살고 가난한 딩카족 사람들이 주로 이곳에 들어갔다. 이 딩카족들은 남수단 바르엘 가잘 지역에서 온 난민들이었다. 아주 무지하고 원시적이고 막무가내인 딩카족들은 다른 부족들이 모두 상대하기 껄끄러워했다. 이 지역은 진입도로가 없어 건축자재를 실어 나르기가 어려웠다. 숲속 언덕길을 오르기에 웬만한 승용차량은 엄두도 내지 못한다. 하지만 이 산동네에 정말 몇 달여 간의 고생 끝에 아름다운 유치원을 완공하였다.

이 유치원은 교육 NGO 단체인 WECA에서 지원을 해주셨다. 주변은 온통 나무와 자갈과 돌뿐인 매우 척박한 땅이다. 이 동네 딩카족 아이들은 그야말로 흙바닥에서 뒹굴며 살아가는 소위 땅강아지들이다. 사람들의 생활 수준이 마디족들과는 전혀 다른 남수단 딩카족인데, 잘 씻지 않아 더럽고 지저분한 냄새가 나는 사람들이 옹기종기 모여 산다.

하지만 이런 척박한 곳에서 난민 아이들을 가르친다는 것은 매우 큰 의미가 있었다. 왜냐하면 딩카족의 자녀들은 그동안 그들의 고국 땅에서는 유치원 교육을 아예 경험해 보지 못했기 때문이다. 거의 대부분 문맹들인 아이들의 부모들은 아이들 옷도 제대로 입히지 않는다. 남수단에서 살던 대로 아이들을 아예 벗은 몸 상태로 유치원에 보내기도 하는데, 어쩌다 유치원 교실에 벌거벗은 아이들이 앉아 있는 걸 보면 깜짝 놀라게 된다. 이 동네는 완전히 남수단 딩카족 원주민 시골마을의 축소판이었다.

이 지역의 사역에서 가장 큰 어려움은 구호와 나눔 사역인데, 뭔가 좀 나누어 주려면 그땐 서로 하나라도 더 얻기 위해 목숨을 건 치열한 싸움을 벌인다. 마치 먹을 것을 놓고 다투는 동물의 세계가 이곳에서 펼쳐지는 것 같다. 이런 험악한 곳에 유아교육기관을 세운 것은 그 자체로서 하나님의 큰 은혜이다.

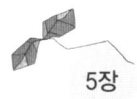
5장

신학교 및 교회 개척사역

나는 드디어 선교사로서 본격적인 복음전파 사역으로 들어가야만 했다. 지난 2015년 남수단 독립 이후 최초로 남수단 로아에 설립한 신학교(ACTS Bible College)는 내전으로 1년 만에 문을 닫게 되었다. 그런데 솔직히 우간다 난민촌에 와서는 신학교를 다시 할 엄두를 내지 못했다. 집기나 도서 등 모든 것들을 남수단에 두고 왔고, 그마저 대부분 도둑을 다 맞았으니 도저히 새로 할 엄두가 나지 않았다.

그런데 어느 날인가 여러 난민촌에 흩어졌던 우리 신학생들이 공부를 계속하겠다고 나를 찾아왔다. 자신들은 1년밖에 공부를 못했으니 계속 가르쳐 달라고 하였다. 나는 이들의 요구를 거절할 수가 없었다. 기도하던 중 하나님께서는 인근의 빈 학교 건물을 임차하여 기적적으로 학교 문을 다시 열 수 있도록 축복하셨다.

남수단 기독교 지도자들을 키우는 이 신학교 사역은 내 선교사역의 핵심으로 매우 중요하고 또 필요한 사역이다. 하지만 매우 힘들고 어려웠다. 우선 재정이 많이 필요하였는데, 한국의 교회들이 이 신학교 사역에는 별 관심이 없었다. 매우 힘들게 학교를 열었고 어려운 가운데서도 잘 운영을 했지만, 무엇보다도 성경을 가르칠 수 있는 교수요원이 부족하였다. 어쩌다 한국이나 미국에서 오신 강사가 한 주간 가르치고 나면, 학생들은 내게 기존의 교수진들을(현지인 위주) 다 교체해 달라고 건의를 하였다. 강의 수준에서 너무 차이가 나기 때문이었다. 나는 매일 늦게까지 다음 날의 수업을 준비하느라 온 힘을 쏟았는데, 학생들은 토론식의 새로운 학습방법에 적응하느라 무척 힘들어했다.

가장 큰 문제는 학생들의 기초학력 수준 차이가 너무 현저하였다. 남수단 학생들은 겨우겨우 고등학교를 졸업하였거나 또는 중퇴한 이들이다. 또 주바에서 아랍어로 공부한 학생들은 영어를 이해하기가 어려웠다. 읽거나 쓰기가 전혀 되지 않는 학생들도 있었다. 그래서 우선 성경을 읽는 훈련부터 시켰다. 그 훈련을 위해 매일 성경고사를 치도록 하였다. 이렇게 한 3년이 지나자 학생들의 실력이 눈에 띄게 향상되었다.

우리 신학교(ACTS Bible College)의 이름은 이제 난민촌에 많이 알려지게 되었다. 다른 곳의 성경학교를 졸업하고 우리 신학교에 다시 온 학생들도 있었는데, 이구동성으로 하는 말이 이제야 제대로 된 신학 공부를 한다고 고마워하였다.

나는 남수단의 교회들이 살지 않으면, 이들의 영적 회복이 어렵고 그 땅의 진정한 평화와 화해는 불가능하다고 보았다. 그래서 가르치는 일에 정말 최선을 다하였다. 삶의 터전을 잃고 모든 것을 상실한 난민들을 위로하고, 그들의 텅 빈 마음에 말씀을 전하는 사역은 너무 감사한 일이었다. 사람들이 서서히 바뀌고, 기적이 나타났다.

더 감사한 것은 학교가 남수단에 있을 때에는 우리 지역 마디족 학생들뿐이었는데, 이제는 여러 남수단 부족, 예컨대 딩카족, 누에르족, 바리족, 쿠쿠족, 카쿠아족, 실룩족 등 남수단의 다양한 부족들이 입학을 한 것이다. 입학 자격을 매우 까다롭게 정했음에도 나름 우수한 학생들이 들어왔다. 혼합된 신앙이 보편화된 남수단 교회의 지도자들에게 복음주의 신학을 가르친다는 건 나에겐 엄청난 축복이고, 또 도전이었다.

무엇보다 가장 신나는 일은 역시 교회 개척 사역이었다. 아무것도 없는 허허벌판 위에 난민들을 밀어넣었으니 난민들은 주일날 예배드릴 처소가 마땅치 않았다. 사람들은 나무 아래에 하나둘 모이기 시작했다. 그래서 그 당시 교회 설립은 매우 시급한 일이었다.

나는 먼저 우리 신학교 학생들을 난민촌 여러 지역으로 파송했다. 모요의 이보아(Iboa)는 패트릭, 바람말리(Parimmalying) 난민촌에는 마틴이 쿠쿠족 교회를 세웠다. 마지(Mazi) Ⅱ는 마디족 교회, 마지 Ⅲ 지역은 딩카족 교회, 윰베의 비디비디(Bidibidi) 난민촌, 보롤리 지역에도 실룩족 교회, 이봐꽤에는 아촐리 부족 교회가 세워졌다.

이렇게 되니 자연스럽게 남수단 여러 부족의 교회를 섬기게 되었는데, 교회마다 서로 다른 다양한 예배 형식과 성도들의 생활 모습을 세밀하게 살피는 계기가 되었다. 그러자 여기저기서 자기네들의 교회 건축을 도와달라는 요청이 쇄도하였다. 당시 나는 여러 곳에서 동시에 여러 건축공사를 감독하고 있었기 때문에 몸이 열 개라도 모자랄 지경이었다. 초등학교, 유치원, 신학교, 고아원, 교회 등 나는 거의 매일 인부들과 실랑이를 하곤 했다. 어느 땐 자파티 한 장과 콜라 한 병으로 점심을 때워야 했는데, 그 영향인지 나중에 잇몸의 뼈가 다 녹아 치아를 무려 세 개나 빼야 했다.

2019년도에는 아고조 난민촌에 지역의 대표적인 모델 교회를 하나 건축하였다. 이름하여 아고조 임마누엘교회이다. 이 교회는 상계동 동일로교회(김오용 목사님)에서 건축을 후원하였는데, 지금까지 선교지에 세운 교회들 중 가장 아름답고 마음에 드는 현대식 예배당이다. 지역 내 목회자들이 모여서 회의할 변변한 공간조차 없는 이 지역에 중심 센터로서의 역할을 할 그런 예배당이다. 드물게 영상과 음향장비가 설치되어 지역 내 다른 교회들에게 많은 도전이 되고 있다. 교회 이름을 임마누엘로 지은 것도 이곳 사람들은 누구나 임마누엘의 뜻에 대해서는 잘 알고 있기 때문이다. 각급 초등학교에는 기독교 종교교육(Chtistian Religious Education: CRE)이라는 과목이 있다. 여기에 보면 성경 기초교육이 다 실려 있는데, 임마누엘의 뜻이 무엇이냐고 하는 문제가 단골로 출제가 되었다.

하지만 난민촌뿐 아니라 이곳 아주마니 지역의 대다수의 모든 교회들은 재정이 매우 약하다. 헌금이 거의 없기 때문이다. 교회건축을 위해서는 여러 사람들로부터 모금을 하기도 하는데 그 액수가 워낙 미미하다. 또한 대부분의 목회자들이 건축을 잘 모른다. 목축을 주로 하던 딩카나 누에르 부족들 중에는 건축기술을 가진 사람들이 거의 없었다.

선교지에서의 교회건축 사역은 앞으로도 계속될 것이다. 천주교회가 대부분인 이 지역에서는 우리가 교회당을 많이 세워야 한다. 임시로 지은 대부분의 난민촌 교회들은 집중호우로 파손되거나 주저앉았다. 오봉기 지역의 이봐쨰 난민촌교회, 비디비디 난민촌의 누에르 장로교회, 실룩족 장로교회, 그리고 남수단의 종글레이, 말라칼 교회 등이 이제 그다음 순서를 가다리고 있다.

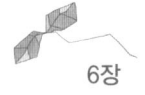
6장

난민 구호 및 구제 사역

난민사역에서 우리의 생각보다 힘든 것은 나눔과 구제사역이다. 나누어 주면 될 텐데 뭐가 그리 어려운가 하겠지만, 그게 아니다. 구제 대상자가 워낙 많고 규모가 커서 개인 선교사가 감당하기가 매우 조심스럽다. 대형 NGO들은 UN을 통하여 혹은 직접 대규모 지원을 한다. 많은 인력들과 풍부한 재정으로 유용한 프로그램은 뭐든지 할 수 있다. 그들은 컨테이너로 가득 싣고 온 의류, 물통, 옥수수 가루, 그리고 여러 생필품들을 나누어 준다. 하지만 나는 1인 선교사로 이런 식의 대량 구제는 힘들다. 또 나누어 주는 것은 또 다른 전쟁이기 때문에 혼자서는 불가능하다. 분배에서 누락되거나 소외된 사람들은 격렬하게 항의를 한다. 멋모르고 이런 일을 추진하다가는 큰 낭패를 당한다.

나는 지역에 있는 우리 교회들을 중심으로 그들의 필요한 부분들을 조금씩 공급해 주고 있다. 말라리아 약품, 모기장, 의류 등을 구입하여 배포하기도 하고, 아이들에겐 빵과 사탕 등을 주로 나누어 준다. 그러나 무엇보다도 중요한 것은 긴급구호 활동이다. 갑자기 질병이 생겼는데 병원 치료비가 없는 사람들이나 또는 학비가 없어 학업을 중단할 수밖에 없는 아이들을 돕는 일이다. UN의 손길이 미처 미치지 못하는 그늘진 부분들을 커버해 주는 일, 즉 고아와 과부들을 돕는 일은 눈에 보이지는 않지만 무척 의미 있고 보람 있는 일이다. 그러나 특별히 구호비라고 책정된 예산이 없다 보니 창고는 늘 텅 비게 마련이다.

난민 선교지에서 가난한 사람들을 돕는 일 역시 소중한 선교사역 중 하나이다. 빵과 복음을 함께 전하는 일이라 보람이 있다. 하지만 사정상 안타까운 지원 요청들을 다 들어주지 못하는 아쉬움이 항상 남는다. 사실 구제사역은 밑 빠진 독에 물을 붓는 것처럼 한도 끝도 없다. 그래도 계속해야 한다. 그동안 선한 사마리아인의 직무를 감당하며 이름 없이 여러 도움을 준 많은 분들께 감사하다는 글을 남기고 싶다. 그리고 한국교회의 성도들이 더 동참을 했으면 하는 바람이다.

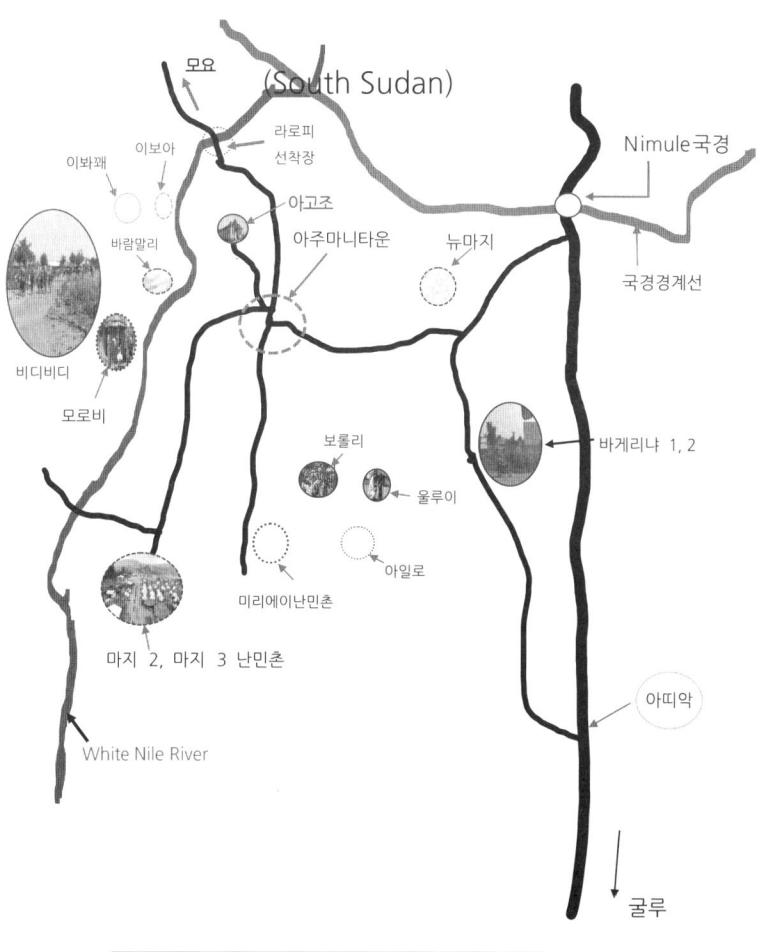

아주마니 지역 난민촌 배치도(사역지 중심)

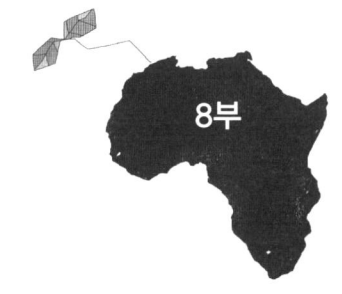

구스(Cush)-검은 땅 이야기

1장

Real Africa,
남수단

Real Africa 남수단….

이것은 내가 지어낸 말이 아니다. 다른 아프리카 사람들이 남수단에 와서 보고 하는 말이다. 다 같은 아프리카인들이지만 이 나라는 제도나 시스템이 매우 독특해서 견디기 힘든 나라라고 다들 이구동성으로 이야기한다. 국제적인 규범이 이 나라에서는 잘 통하지 않는다. 사람들의 의식이나 지적 수준, 문화 수준 등이 다른 나라와 판이하게 다르기 때문이다. 이것을 항의하면 그들은 대부분 "여긴 남수단이야"라고 퉁명스럽게 이야기를 한다.

유엔개발계획(UNDP)에서 매년 발표하는 인간개발지수라는 게 있다. 이 인간개발지수는 성인문자 해독률, 교육지수, 기대 평균수명, 1인당 국민소득(GDP 지수) 등을 평균하여 만든 지표 중의 하나이다. 그런데 2020년도 발표 지수를 보면 남수단은 총 조사대상 국가 189개국 중 186위를 차지할 정도로 최하위권이다. 이 나라는 독립 이전의 수단 정부 기준으로는 169위였지만 독립 이후 더 하위권으로 떨어진 것을 알 수 있다. 열악해진 교육환경, 더 심화된 경제적 불평등은 이 나라를 Real Africa로 부르기에 충분하다.

우리나라와 같이 남수단 대사관이 없는 나라에서 남수단에 입국하려면 사전에 미리 입국 허가를 받아야 한다. 그 후에 공항에 도착해서 비자를 얻는데, 시골 역사 같은 공항은 입국 절차가 하도 복잡해서 어떤 때에는 입국심사만 두 시간이 걸린 때도 있었다. 이러니 도착하자마자 그만 지쳐 버린다. 독립 초기의 남수단은 사실 정상적인 나라라고 보기는 어려웠다.

시내 주도로가 비포장 상태이니 시골 지역으로 가면 더 말할 필요가 없다. 이런 길은 랜드 크루저 같은 튼튼한 차체를 가진 차가 아니면 도저히 다닐 수가 없다. 그런 비포장 길을 서너 시간 운전하고 나면 온몸이 아프다. 따라서 우기철에 접어들어 도로가 진펄이 되면 자동차를 이용하여 지방으로 이동하는 건 매우 어렵다. 아니, 큰 트럭 외에는 거의 불가능하다.

우기철에 도로변으로는 미끄러져 오도가도 못하는 대형 트럭들이 많이 보인다. 이럴 경우 차량의 운전기사는 비가 그치고 땅이 마를 때까지 차 안에서 숙식하며 기다려야 한다. 만약 자동차가 고장이라도 나게 되면 정비기사를 불러야 하는데, 그가 오는 여정 자체도 몇 날 며칠이 걸리기 때문에 아예 차를 내버려 두고 가는 사람들도 있다. 어쩌다 유조차가 미끄러져 넘어지게 되면 주변 마을 사람들은 온통 신이 난다. 새는 기름을 공짜로 얻거나 싸게 살 수 있는 기회이기 때문이다. 어쩌다 기름이나 비누, 옥수수 등 생필품을 실은 트럭이 전복되면 재빨리 군인들을 동원해서 지켜야 한다. 안 그러면 모두 약탈을 당하기 때문이다.

남수단을 1인당 GDP, 경제적으로만 Real Africa로 평가하는 것이 아니다. 이 나라는 국가 운영 시스템에 문제가 있었다. 초기라서 그런지 국가 개념보다는 부족통치 개념이라고 보는 게 맞다. 나라의 최종 정치적 의사 결정은 지배부족인 딩카 원로회의(Jieng(Dinka) Council of Elders)가 최종 결정을 한다고 한다. 그들은 자신들이 나라의 장로(Elders of Country)라고 생각을 하기 때문이다. 예컨대, 마을 장로회의, 부족 장로회의가 있듯이 국가의 장로회의는 그들이라고 믿는다. 이 원로회의의 멤버들은 대통령, 딩카 국회의원, 기타 지지자들로 구성되어 있는데, 이렇게 되다 보니 정상적인 국가 시스템이 작동을 할 수가 없다. 우리로 말하면 비선 정치조직인 셈이다.

국가 발전의 원동력은 전기로부터 시작을 하는데, 당시 이 나라는 전력공급시설 자체가 없었다. 그러다 보니 밤이면 온 도시가 컴컴하고 발전기 돌아가는 소리가 시끄럽다. 인터넷 사정 또한 열악하여 당시 내가 있던 지역의 인터넷 망이 겨우 2G였으니 메일을 보내기 위해서는 니물레까지 나와야 했다.

남수단의 주요 부족 남자들은 예로부터 싸움을 잘하는 전사(戰士)로 불린다. 이들은 자기의 힘을 자랑하며 그걸 나타내고 싶어 한다. 축제가 벌어지면 제자리에서 껑충 뛰는 점프를 하는 소위 '점핑댄스'를 한다. 케냐의 마사이 부족과 흡사하다. 이 춤은 발꿈치가 땅에 닿지 않아야 한다. 그리고 최대한 공중으로 높이 뛰어오른다. 가장 높이 뛴 사람이 용감한 전사로 존경을 받는다.

나는 이런 민족 축제를 주바의 남수단 독립기념식 행사장에서 여러 번 직접 목격하였다. 각 부족별로 벌어진 춤판엔 남수단의 부족들이 거의 다 모여서 자기네들의 전통 집단 춤을 선보이는데, 이건 그야말로 대단한 축제이자 볼거리였다. 남수단 각 부족들의 특징과 그들의 문화를 이해할 수 있는 좋은 기회였다.

이 춤은 엄청 많은 에너지가 소모된다. 하지만 이들은 남녀 할 것

없이 땀을 뻘뻘 흘리고 몇 시간씩 격렬한 춤을 추면서 카타르시스를 느낀다. 한편 다른 전사들인 문다리족 남자들은 레슬링을 좋아한다. 주로 상체만 사용하는 걸로 봐서 흡사 그레코로만형 같다. 언젠가 문다리 원시부족의 마을에 들어갔을 때, 일단의 젊은 친구들이 내게 몰려와 레슬링으로 한판 붙자고 하여 혼이 난 적이 있었다.

일부 부족들은 전통적으로 얼굴이나 이마에 그 부족을 표시하는 부호를 새긴다. 이 경우 여자들도 예외가 아니다. 이 얼굴 표식은 부족의 표지로 그 부족의 정체성을 드러내기도 한다. 흡사 우리나라 옛날 군대 계급장처럼 표식이 매우 강한데, 이들은 그걸 또 자랑스럽게 여긴다. 부족의 표식은 얼굴이나 이마, 또는 몸통, 팔 등 혹은 온몸에 온갖 문양으로 표식을 하거나 칼자국을 내고 이가 빠진 상태로 드러내어 웃으면 무섭기까지 하다.

여자들도 이런 표식을 하게 되면 보기에 무척 사납고 강인하게 보인다. 더러는 입술까지 칼집을 내기도 한다. 이들은 일단 얼굴에 새긴 험상궂은 칼자국으로 상대방에게 1차 위협을 가한다. 일부러 험악한 인상을 짓기도 한다. 일부 딩카나 누에르 부족들은 아이들이 어릴 때 앞니를 빼는 관습이 있다. 더러는 한두 개 또 많으면 서너 개의 치아를 뽑기도 한다. 어른이 되면 이들은 없는 치아로 인해 사회생활에 많은 어려움을 겪기도 한다.

내전으로 오랫동안 난민생활을 하다 보니 이들은 생존본능에 매우 충실하다. 싸움에서 절대로 질 수 없다는 전투적 본능이다. 자기가 가진 것은 절대로 빼앗기지 않는다. 결사적으로 지킨다. 이는 마치 동물들이 자신의 먹을 것은 다른 동물에게 빼앗기지 않으려고 싸우는 것과 매우 흡사하다. 그래서 아프리카 다른 나라의 사람들도 이 남수단을 Real Africa라고 부른다.

수단교회 2000년사

고든콘웰 신학교의 글로벌기독교연구센터가 조사 발표한 2018년도 통계에 의하면, 전 세계에서 기독교 인구가 가장 많은 대륙은 아프리카로 그 수가 무려 약 6억 3천만 명이나 된다고 한다. 기독교 역사에 의하면, 초기 아프리카 기독교는 리비아, 알제리, 수단 등 북아프리카를 중심으로 번성하였다가 점점 남쪽으로 내려왔다. 하지만 남쪽 지역의 기독교 역사는 대부분 구전에 의해 전달이 되었다. 하긴 수단은 이집트의 지배하에 있던 국가였으니 자료가 있을 리 없다. 교회사에서는 초기 기독교 사상에 상당한 영향을 끼친 유명한 지도자들이 모두 아프리카를 모태로 활동한 사람들이었다. 우리가 아프리카 교회사에 무관심하듯 남수단 사람들 역시 그들의 기독교 역사에 대해 대부분 관심이 없었다.

우리 신학교에도 2019년 봄학기부터 '남수단교회사'를 교과목으로 편성하였다. 우리가 한국교회사를 공부하듯 그들 역시 수단교회사를 알아야 한다. 그들 교회의 뿌리이기 때문이다. 그런데 문제는 이

것을 가르칠 마땅한 강사가 없었다. 일부 목회자들은 가톨릭 교회에 가면 아마 자료가 있을 거라고 했지만, 수단교회의 역사를 아는 사람이 주변에는 한 명도 없었다. 참 답답한 노릇이었다. 다행히 2015년도에 남수단 테레케가 방문 시 만났던 당시 커미셔너였던 클레멘트 목사님을 초청하여 한 학기를 무사히 마쳤다. 이분은 여러 신학교에서 공부를 많이 하신 매우 능력 있는 지도자로, 학생들이 아주 좋아하였다.

아프리카 기독교 지도자들은 서구 중심의 기독교 역사에서 소외되었을 뿐 아니라 심한 종교적 홀대를 당했다고 느낀다. 하긴 교회사적으로 중요한 부분들이 기록으로 거의 남아 있지 않은 것도 이유가 될 것이다. 그들의 말대로 서구 교회의 종교적 편견이라고 보는 게 맞는지 모르겠다. 어떤 이들은 "우리는 함의 후손들인데, 그래서 우리 아프리카 사람들은 저주를 받은 건가?"라는 질문을 하기도 한다.

하여튼 선교하는 나라와 섬기는 부족이 성경에 나온 구스 종족이라는 사실을 알고부터 여러 궁금증이 밀려왔다. 많은 자료들을 찾아보았다. 성경 속의 고대 이집트, 앗수르, 페르시아 문명들은 지금도 많이 남아 있어 알 수 있는데, 아프리카 기독교 국가의 문명은 대부분 북수단 쪽에 폐허로 남아 있다는 사실도 알게 있었다. 하지만 그 후손들은 지금 남수단에서 여전히 가난하고 초라한 모습으로 살아간다는 것을 알게 되었다. 이슬람의 박해 때문인가, 아니면 그들의 말 그대로 함의 후손으로 받은 저주 때문인가?

서점에서 《수단교회 2천 년사》(Day of Devastation, Day of Contentment: The History of the Sudanese Church Across 2000 Years)라는 책을 구해 읽어 보았다. 그리고 나서 나는 오랜 세월 역사의 뒤안길에서 전쟁과 파괴, 혼돈과 아픔을 견디며 끈질기게 살아온 구스와 그 땅 사람들을 이해하게 되었고, 또 그들의 문화와 전통, 관습, 그리고 신앙에 대해 대충 알 수 있게 되었다.

성경은 구스족의 뿌리를 잘 설명해 주고 있는데, 구스는 함(Ham)의 아들이다(창 10:6; 대상 1:8 참조). 함은 노아의 막내아들로 나온다(창 9:24). 함은 구스(Cush), 붓(Put), 가나안(Canaan) 및 미스라임(Mizraim) 네 아들을 두었는데, 역사에 의하면 미스라임은 이집트(Egypt), 붓은 이집트 서측(리비아), 가나안은 성경상에 나오는 가나안의 족속인 헷 족속, 여부스, 아모리, 히위, 기르가스, 시돈, 알가 족속 등으로 알려진다. 또한 구스의 자손은 스바, 하윌라, 삽다, 라아마, 삽드가, 그리고 니므롯 등이다(대상 1:9).

구스는 구약성경에 약 75번이 나오는데, 구스(Cush) 혹은 '쿠쉬'를 헬라어 번역 70인역에서 에티오피아로 번역하였고, 그 이후로 헬라어 역본을 따르는 성경은 에티오피아(KJV, ASV)로 번역하였다. NIV나 한글 개역성경 등에서는 구스로 번역하고 있다.

남수단 사람들은 구스, 에티오피아, 그리고 수단이라는 단어의 의미는 모두 같다는 걸 알고 있었다. 이 세 단어의 의미는 모두 검다는 의미를 가지고 있다. 그러니까 에티오피아, 수단, 구스가 동의어로 자기네 부족들을 일컫는 말이라고 본다. 왜냐하면 실제 검은 피부의 사람들은 아프리카에서도 오직 그들뿐이기 때문이다. 지금의 수단이나 에티오피아 사람들의 피부는 검은 피부라기보다는 사실상 갈색이다.

성경 역시 구스인에 대해 피부가 검다고 말하고 있다. 사실 구스의 역사는 주전 700년으로 거슬러 올라간다. 주전 700년부터 주후 300년 사이에 번성하던 고대 누비아(Nubia)가 그 뿌리이다. 고대 누비아(Nubia)는 이집트의 아스완 댐으로부터 수단의 카르툼, 즉 백나일과 청나일이 합쳐지는 지점까지 위치하였던 고대 왕국이었다. 고대의 구스는 오늘날의 에티오피아도, 오늘날의 수단도, 이집트도 아니다. 성경이 말하고 있는 구스 이야기를 더 살펴보고자 한다.

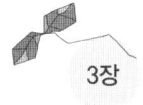

이사야 18장의 예언

이사야 18장은 구스 종족의 특징을 아주 구체적으로 묘사하고 있다. 남수단 기독교 지도자들은 모두 이사야 18장의 예언이 자기네 부족들을 향한 예언이라고 믿는다.

첫째, 키가 크고 강성하다.

"슬프다 구스의 강 건너편 날개 치는 소리 나는 땅이여 갈대 배를 물에 띄우고 그 사자를 수로로 보내며 이르기를 민첩한 사절들아 너희는 강들이 흘러 나누인 나라로 가되 장대하고 준수한 백성 곧 시초부터 두려움이 되며 강성하여 대적을 밟는 백성에게로 가라 하는도다 세상의 모든 거민, 지상에 사는 너희여 산들 위에 기치를 세우거든 너희는 보고 나팔을 불거든 너희는 들을지니라"(사 18:1-3).

남수단의 기독교인들은 이 말씀이 3000년 전 선지자 이사야가 남수단 민족을 향하여 전한 예언의 말씀이며, 자신들이 바로 강성하고 대적을 밟는 백성이라고 믿는다. 이 때문에 남수단 사람들은 매우 강한 자부심을 가진다.

우선 성경말씀 그대로 이들은 키가 매우 크다. 주종족인 딩카와 누에르, 실룩, 잔데 등은 키가 장대같이 크다. 보통 신장이 거의 1미터 80센티미터에서 2미터가 된다. 덩치도 엄청 크고 힘도 장사 같다. 큰 산만 한 바위도 장정 몇 사람이 함마 하나로 깨뜨리는데, 그 에너지와 파워가 대단해서 이들이 일을 하면 곡괭이가 부러지는 일도 빈번하고, 강철로 만든 삽이 통째로 부러지는 일도 있다.

> "구스 사람과 룹 사람의 군대가 크지 아니하며 말과 병거가 심히 많지 아니하더이까 그러나 왕이 여호와를 의지하였으므로 여호와께서 왕의 손에 넘기셨나이다"(대하 16:8).

둘째, 피부가 아주 새까맣고 매끄럽다.

선지자 예레미야는 구스인의 피부가 검다고 이야기한다. 이들의 피부는 말 그대로 새카맣다. 이웃 나라인 우간다 케냐, 에티오피아 등 아프리카인은 대부분 갈색이다. 하지만 남수단인의 피부는 정말로 검다. 까만 얼굴에 눈이 하얗게 반짝이는 것을 보면 정말 이상하게 느껴진다.

> "구스인이 그의 피부를, 표범이 그의 반점을 변하게 할 수 있느냐 할 수 있을진대 악에 익숙한 너희도 선을 행할 수 있으리라"(렘 13:23).

우리 개역성경에서 '장대하고 준수한'이라고 번역된 이 '준수하다'는 표현을, 영어성경에서는 피부가 매끄러운(smooth skinned)이라고 번역하고 있다. 특별한 화장이나 바르는 것이 별로 없는데도 이들의 피부는 어린아이의 피부처럼 매끄럽다.

정말로 그런 것 같다. 언젠가 딩카족 성공회 교회에 예배를 인도하러 갔는데, 예배 후 어떤 할머니 한 분이 눈이 아프다며 기도를 해달라고 요청하였다. 그 할머니를 위해 기도하려는데 이분이 갑자기 내 손을 잡아 끌어 자기 얼굴에 갖다 대며 감싸 안았다. 그때 나이가 많은 할머니의 얼굴인데도 마치 어린아이의 피부같이 곱고 매끄러웠다.

한편, 이사야 18장을 공동번역 성경은 이렇게 번역하고 있다.

> 아, 에디오피아의 강 건너편,
> 날벌레가 우글거리는 나라여!
> 특사를 왕골배에 태워 강물에 띄워 보내는 나라여!
> 걸음이 날랜 특사들아, 돌아가거라.
> 키 크고 털이 없는 민족에게로, 만인이 무서워하는 백성에게로,
> 강줄기가 여러 갈래 뻗은 땅에 사는 사람들에게로,
> 힘이 세어 남을 짓밟기 좋아하는 민족에게로 가거라 (사 18:1-2, 공동번역).

흥미로운 것은 구스족에 대해 키가 크고 털이 없는 민족, 남을 짓밟기 좋아하는 민족으로 표현하고 있다는 사실이다. 사실 처음에는 잘 몰랐는데 이 구절을 읽고 우리 신학생들과 다른 사람들을 자세히 살펴보니 신기하게 이들의 팔이나 다리 등에는 가느다란 솜털조차 보이지 않았다. 그러니 이들의 피부가 어린아이 피부처럼 부드럽고 매끄러울 수밖에 없다. 그리고 남수단 부족들이 왜 싸움을 잘 하는지 알 수 있었다. 성경 말씀은 참으로 놀랍다.

셋째, 아주 부유한 나라였다.

"여호와께서 이같이 말씀하시되 애굽의 소득과 구스가 무역한 것과 스바의 장대한 남자들이 네게로 건너와서 네게 속할 것이요 그들이 너를 따를 것이라 사슬에 매여 건너와서 네게 굴복하고 간구하기를 하나님이 과연 네게 계시고 그 외에는 다른 하나님이 없다 하리라 하시니라"(사 45:14).

구스는 금이 많이 생산되는 땅이었다. 창세기 2장의 금이 많이 나는 하윌라 땅이다. 그리고 풍부한 석유자원 외에도 금, 철광석, 다이아몬드 등 엄청난 지하자원이 매장되어 있는 것으로 알려져 있다. 특히 금이 많아 민간인들은 몰래 채취한 금을 우간다의 아루아 암시장에 내다 판다. 우리 스태프 중 한 명인 데이빗 알라우 목사 역시 이렇게 금을 채취하여 판 돈으로 캄팔라에 가서 신학을 공부했다고 늘 자랑을 하였다. 하지만 지금 금이 나오는 지역들은 군인들이 철저히 통제를 하여 어느 누구도 들어가지 못한다.

남수단 주바에 있을 때, 어떤 사람이 내게 와서 이야기를 하였다. 혹시 금이 필요하면 사주겠다, 금을 캐는 군인 집단으로부터 싸게 살 수 있는 루트가 있으니 필요하면 이야기하라는 것이었다. 필요 없다고 웃어 넘겼지만 그만큼 금이 흔하다는 이야기이다. 이와 같이 금은 권력층의 부를 축적하는 수단이 되었다. 이집트 파라오 시대에는 구스 땅의 금과 자원들을 나일 강 수로를 따라 이집트로 수송하였다. 기록에 의하면 이 무역선은 금뿐 아니라 상아, 노예들도 수송한 것으로 알려진다. 이로 인하여 구스는 엄청난 부를 축적했다고 한다.

"구스의 황옥으로도 비교할 수 없고 순금으로도 그 값을 헤아리지 못하리라"(욥 28:19).

남수단 사람들은 자기들은 자원이 풍부한 부자라고 한결같이 자랑한다. 그런데 지금은 최빈국으로 가난하고 비참하게 살고 있다. 사람들은 그 이유를 정치적 리더십의 문제, 종족 간의 갈등 문제, 그리고 부정부패 때문이라고 불평한다. 나는 남수단의 고통과 재앙은 당신들이 범죄하고 하나님을 떠났기 때문이라고 이야기해 주었다.

넷째, 이집트 25대 파라오는 구스인이었다.
구스는 그 세력이 강성하여 한때 이집트를 지배하였다. 이집트의 25대 파라오의 이름은 구스인 디르하가(Tirhakah)이다. 이사야 선지자가 활동하던 시점인 주전 8세기경 이 구스 왕조가 애굽을 지배하였는데, 주변에 매우 막강한 영향력을 행사했다. 성경에 보면 유다 왕 히스기야 때에 앗수르 왕 산헤립이 예루살렘을 정복하기 위해 라기스에서 올라왔다. 그때 구스 왕 디르하가가 히스기야 왕을 돕기 위해 올라왔다고 기록되어 있다(사 37:8-9; 왕하 19:8-9). 마침내 구스 왕 디르하가는 이집트를 점령하고 25대 파라오가 된다.
그러나 구스의 이집트 통치는 그리 오래가지 못했다. 메소포타미아를 차지한 앗시리아가 다하르가(TaharKah) 왕 시기인 주전 674년부터 이집트를 침공해 왔기 때문이다. 이 둘 사이의 전쟁은 거의 10년간 계속되다가 결국 이집트가 패하게 된다. 이후 구스 왕은 이집트 남부 내륙 깊숙이 밀려나게 되었다. 이때 남쪽으로 깊숙이 피신한 유대인들도 있었는데, 이들이 지금의 남수단 유대인으로 알려져 있다. 이 유대인들은 지금도 1년에 한 번씩 모임을 갖는다. 내가 아는 남수단 유대인들은 레위 가문이다. 지금도 이들의 교회에는 이스라엘 국기가 걸려 있다. 이들은 미국의 유대인 커뮤니티와도 연계가 되어 있는데, 매우 영리하여 모든 면에 두각을 나타낸다. 하지만 이들은 이름만 유대인 레위 지파 계열이지 겉모양은 실상 검은 피부의 원주민들과 똑같고, 원주민들과 결혼을 하며 살고 있으니 진짜 유대계인지 아닌지는 유전자 검사를 해봐야 정확히 알 것이다.

다섯째, 이스라엘과 관계가 아주 친했다.

이스라엘의 지도자 모세의 두 번째 부인이 구스 여인이었다. 성경은 민수기 12장 1절에 "모세가 구스 여자를 취하였더니 그 구스 여자를 취하였으므로 미리암과 아론이 모세를 비방하니라"고 기록하고 있다.

사무엘하 18장에는 다윗에게 반역한 압살롬의 죽음이 나오는데, 압살롬의 죽음을 다윗 왕에게 맨 처음 보고하러 간 사람이 구스인이었다(삼하 18:21-23). 그리고 예루살렘의 함락을 예언하였다는 이유로 시위대에 잡힌 예레미야가 진창 구덩이에 던져졌을 때, 예레미야를 구해준 사람도 왕의 환관 에벳멜렉이라는 구스인이었다(렘 38장). 성경은 이같이 구스인을 믿고 신뢰할 수 있는 부족으로 묘사하고 있다.

신약성경에는 사도행전 8장 26-27절에 빌립에게 복음을 듣고 세례를 받은 에디오피아 간다게 여왕의 내시 이야기가 나온다. 이 내시를 통하여 아프리카 최초로 기독교를 받아들인 나라가 된다.

여섯째, 구스의 회복과 남수단의 독립이 이뤄졌다.

> "그때에 강들이 흘러 나누인 나라의 장대하고 준수한 백성 곧 시초부터 두려움이 되며 강성하여 대적을 밟는 백성이 만군의 여호와께 드릴 예물을 가지고 만군의 여호와의 이름을 두신 곳 시온 산에 이르리라"
> (사 18:7).

남수단의 기독교인들은 2011년 7월 9일에 이사야의 예언이 드디어 성취되었다고 믿었다. 그리하여 다음 해인 2012년 국가의 정치 지도자들과 기독교 지도자들이 이스라엘로 성지순례를 떠나 시온 산에 올라, 여호와께 예물을 드리고 남수단 국기를 흔들며 예언의 성취를 전 세계에 공포하는 퍼포먼스를 벌이기도 하였다.

그래서인지 남수단인들은 이스라엘을 그들의 영적 고향으로 여기는 경향이 있다. 이스라엘 역시 독립 이전부터 남수단을 지원해 온 나라였다. 수단의 과격 이슬람 정부를 견제하려는 정치적인 고려도 있었겠지만, 이스라엘과 남수단은 수천 년을 형제국으로 살아왔기 때문에 그 끈끈한 유대감을 자랑한다.

사실 이스라엘은 남수단 독립 이전부터 딩카와 누에르 등 남쪽 흑인 원주민들을 훈련시켜 북수단의 무슬림에 대항하도록 하였다. 군인들에게 이스라엘제 자동소총 등 무기와 첨단 통신장비 등도 제공하였다. 그리하여 이스라엘은 사방이 무슬림인 인근 지역 내에서 남수단을, 적대적인 아랍-무슬림의 부상을 막을 든든한 동맹국으로 만들었다. 마치 구약 이스라엘 역사의 재판을 보는 것 같다.

남수단 교회 이야기

　이제 남수단의 기독교회에 대해 이야기하려고 한다. 남수단 교회의 역사를 제대로 이해하기는 나로서는 참 어렵다. 남수단의 기독교 전통 역사는 성공회나 가톨릭에만 나타나 있기 때문이다. 언제, 어떻게 복음주의 교회가 그 땅에 들어갔는지는 나타난 문헌들이 없어서 그에 대해서 알 수가 없다. 현지인 기독교 지도자들 역시 마찬가지이다.

　역사적으로는 수단이 영국의 식민지에서 독립한 1955년부터 2005년까지는 남북이 치열한 전쟁 중에 있었다. 거의 50년 동안 이 땅의 기독교인들은 희망을 거의 잃어버렸다. 게다가 1994년도에 수단이 원리주의 이슬람 국가를 선포하자 많은 교회들이 파괴되고, 기독교 지도자들은 국외로 추방되었다.

　이 때문에 남수단의 많은 아이들이 수단 아랍의 노예로 잡혀가서 이슬람으로 개종하게 되었다. 1996년도에 내가 맨 처음 우간다에 갔을 때 어떤 비디오 하나를 시청한 적이 있다. 그 내용에는 이슬람 경찰들이 당시 수단의 흑인 기독교 아이들을 잡아서 발을 쇠사슬로 묶은 후 회당에 모아 코란을 외우게 하는 그런 장면이었다. 만약 이 땅에 평화가 없었다면 다른 이슬람 국가처럼 남수단의 기독교는 없어졌을지도 모른다. 그 여파인지 지금도 남수단에는 기독교와 타 종교 및 전통 아프리카 정령숭배 사상이 혼합되어 있음을 알 수 있다.

★ 로마 가톨릭 교회

남수단 교회들은 초기 기독교 선교사들의 영향력에 따라 지역, 부족, 종교적으로 서로 갈라진다. 일단 제일 큰 그룹은 역시 천주교회이다. 천주교인들은 전체 인구의 약 37퍼센트에 달한다는 보고가 있다. 우리나라에서 (고) 이태석 신부가 남수단으로 들어가게 된 것도 그 지역에 가톨릭이 유독 많았기 때문이다. 그 때문에 지금도 남수단에는 한국 가톨릭 선교사들이 가장 활발하게 선교활동을 하고 있다. 우리나라 가톨릭 신부들과 수녀들은 매우 조직적으로 대규모 교육지원 활동과 구호활동, 의료지원사역 등을 하고 있다.

남수단의 가톨릭 하면 맨 먼저 콤보니(Combini)를 떠올린다. 19세기 이탈리아의 가톨릭 수도사 콤보니가 아프리카 수단에 진출하여 매우 공격적인 선교를 시작하였는데, 이 콤보니 수도회는 학교, 병원, 기술학교, 봉제학교, 신학교, 수녀원 등을 설립하는 등 많은 일들을 하게 된다. 유명한 콤보니 남수단 선교센터(Comboni Mission Center)가 내가 사역을 시작한 우리 케레피에서 그리 멀지 않은 로아 지역에 위치해 있다. 이 선교센터의 이름인 로아미션센터(Loa Mission Center)는 아예 이 지역 동네 고유 지명이 되어 버렸다. 구글 지도에도 로아미션으로 표기가 되어 나온다.

숲속에 위치한 이 선교센터 중앙에는 이탈리아 스타일로 무려

100년 동안 지었다는 큰 가톨릭 성당이 있다. 그 안에는 유치원, 초등학교, 고등학교, 수녀원(지금은 폐쇄된 상태) 등이 위치한다. 이 성당은 옛 수단의 대통령과 현 남수단의 대통령까지 참석하여 미사를 드리는 곳으로 아주 유명하다.

사실 이 가톨릭 미션센터는 남수단 가톨릭 선교본부라고 불릴 정도이다. 오파리 마을 출신인 이 성당의 비숍 파리디는 인근 지역뿐 아니라 남수단 내의 많은 가톨릭 신자들의 존경과 사랑을 받고 있다. 언젠가 이 주교의 서품 50주년 기념식에는 남수단의 정관계 주요 인사들이 총출동하기도 하였다. 이 주교는 북수단 아랍과의 전쟁 당시 굶어 죽어가는 많은 사람들을 구호하고 숨겨 주었다고 한다. 그때 이 로아 성당을 통한 구호식량으로 살아남은 사람들이 그의 은혜를 잊지 못한다고 하였다.

이것은 남수단 선교에서 우리가 주목해야 할 좋은 본보기기 된다. 아무튼 어쩌다 나는 이처럼 가톨릭이 강세인 지역에 홀로 들어간 한국 선교사가 되었다. 그래서 누구보다도 부지런히, 그리고 열정적으로 그들의 영적, 물적 필요를 채워 주기 위해 애를 썼다.

한편, 생각해 보면 거의 100년 전의 이 마디족 거주 지역은 오리지날 원시 아프리카 상태였을 텐데, 이런 곳까지 들어와 선교사역을 시작한 콤보니 선교사들의 비전이 그저 놀랍기만 하다. 게다가 이들 수도사들은 마디족에게 교회라는 단어 자체가 아예 없던 마디어에 헬라어 '에클레시아'(Ecclesia)를 가르쳐서 교회라고 불렀는데, 지금까지 마디 사람들은 '에클레시아'를 교회로 이해한다. 주민들은 이 단어가 헬라어인지 무슨 언어인지 모르고 그냥 부른다. 그뿐만 아니라 성경의 랍비(랍오니) 역시 그대로 사용을 한다. '라뽀니'라는 마디어는 선생님이라는 단어로 통용이 된다. 신학교 학생들이나 교회에서 이 단어가 성경에서 나온 단어라고 하면 매우 신기해한다.

이슬람 수단과의 내전 당시 이 지역까지 진격한 이슬람 군인들이 이 성당의 십자가 종탑을 향해 조준 발사한 총탄 자국은, 지금도 성당 건물에 그대로 남아 처참했던 당시의 비극을 말해 준다. 가톨릭의 강세는 이 지역 사람들에게 적지 않은 영향을 끼쳤다. 시골부락의 골수 가톨릭 신자들은 자녀가 교회를 나가면 쫓아내는 경우도 있다. 믿기지 않겠지만 이것은 사실이다. 우리 신학교에 모요(Moyo)에서 한 학생이 지원을 했다. 면접시험을 보는 중에 자신은 아버지로부터 쫓겨났다고 말하였다. 그 이유가 바로 교회에 다닌다는 것 때문이었다.

이런 불리한 조건에서도, 우리는 난민촌 교회에서 많은 가톨릭 신자들을 변화시켰다. 대부분의 남수단 사람들은 가톨릭이나 개신교회나 다 같은 교회라고 생각을 한다. 다 같은 하나님을 믿기 때문에 어디를 가든 관계없다는 생각을 한다. 마을에 교회가 있으면 교회, 성당이 있으면 성당에 나간다. 어디가 먼저 들어섰는가에 따라 결과가 다르게 나타난다. 선교사들의 교회개척 사명이 여기에 있다. 이를 알기 때문에 나는 무엇보다 여러 곳에 교회를 개척하기 위해 참 많은 노력을 했다. 덕분에 짧은 기간에 많은 교회들을 개척하고 세울 수 있었다.

가톨릭과 기독교가 같은 것이라는 인식은, 한편 좋은 점도 있지만 많은 문제점도 동시에 발생시킨다. 바로 종교적 혼합사상이다. 우리 기독교가 이 기회를 잘 잡아 그들에게 바른 복음을 가르쳐야 하는데, 이것이 여전한 우리의 기도제목이다.

말씀은 많은 사람들을 변화시킨다. 지금은 주변의 많은 사람들이 교회 다니는 성도들의 정직하고 양심적인 행동에 많은 감동을 받아 마음의 문들을 열고 있다. 언젠가 내가 살고 있는 지역 파리디 마을의 동네 이장은 내게 가톨릭 신자들에 비해 개신교회(Born Again

Church) 다니는 사람들이 훨씬 더 양심적이고 종교적이라고 칭찬을 해주었다. 그분 역시 가톨릭 교인인데도 말이다. 우선 기독교인들은 대부분 술과 담배를 멀리하여 실수가 별로 없지만 많은 가톨릭 신자들은 술로 인하여 사회, 윤리적으로 또 도덕적으로 많은 비판을 받는다고 한탄을 하였다. 이런 이유로 지금은 우리 지역 교회들도 서서히 깨어나고 있다. 그동안 외롭게 이 땅을 지킨 선교사로서 참 감사하고 한편 어깨가 무겁다.

★ 남수단 성공회(ECSS)

가톨릭을 제외한 교회 중에서 다음으로 큰 기독교단은 성공회(ECSS: Episcopal Church of South Sudan)로 주로 딩카족이 중심이 된 교회이다. 성공회는 가톨릭 다음으로 큰 교세를 자랑한다. 성공회의 예배는 가톨릭과 유사한 점이 많다. 성공회 설교자들은 매우 화려하고 위엄 있는 예배 복장을 한다. 따라서 이들의 예배는 매우 권위 있고 위엄 있게 보인다. 요란한 춤과 시끄러운 오순절교회의 예배에 비해 상당히 절제된 느낌이 든다.

하지만 우리에게 좀 어색한 부분이 한 가지 있다. 그중 하나가 바로 십자가 숭배사상이다. 이들은 숭배가 아니라고 말하지만, 공예배 시 반드시 십자가를 앞세우거나 십자가에 절을 하는 습관이 있다. 주일예배를 인도하거나 사회자가 강단에 설 땐 먼저 강단 앞의 십자가에 서서 두 손을 모아 인사를 한 다음에 다음 프로그램을 진행한다.

한번은 울루아 난민촌 내 ECSS 교회의 초청으로 주일설교를 하러 간 적이 있었다. 모든 순서 진행자들이 강단의 십자가에 합장을 하는 모습을 보고 참으로 난감함을 느꼈다. 어쨌든 성탄절이나 부활절이 되면 동네 목공소에는 작은 십자가를 주문하려는 사람들로 북적인다.

최근 핫한 이슈로 떠오른 동성애 문제는 이곳 남수단에도 예외가 아니었다. 한번은 영국의 성공회 관계자가 남수단 ECSS 교회의 관계자들에게 이제 남수단 성공회도 동성애를 수용하라고 권면한 적이 있었다고 한다. 이를 들은 많은 딩카족 공동체들이 여러 번 회의 끝에 이 제안을 수용할 수 없다고 부결시켰다고 한다. 그러니 교육이 얼마나 중요한지 알 수 있다.

★ 남수단장로교회(PCOSS)

다음으로 큰 개신교단은 남수단장로교회(PCOSS: Presbyterian Church of South Sudan)이다. PCOSS는 1902년쯤 미국 선교사들이 수단에서 처음 시작하였다. 미국 선교사들은 그 이후 남수단 북부의 말라칼을 중심으로 집중적으로 선교를 하였다. 말라칼(Malakal)에 세운 장로교신학교를 통하여 많은 학생들을 길러냈지만, 이 학교는 2013년과 2016년 내전으로 결국 주바로 철수하게 된다.

어퍼나일 지역 사람들(실룩, 누에르족 등)은 대부분이 장로교회의 전통을 유지한다. PCOSS는 미국 장로교, 미국 형제교회, 스코틀랜드교회, 아일랜드 장로교, 미국 개혁교회 등과 연결되어 있는데, 장로교회라서 그런지 이들의 예배는 한국인의 정서에 가장 잘 맞는 것 같았다. 찬송가도 우리 찬송과 같은 곡들이 있고, 장로나 집사 제도도 있다.

★ 오순절교회 및 기타

마지막으로, 내가 사역하던 남측 에콰토리아 지역 대부분의 개혁교회는 거의 혼합상태이다. 남수단 오순절교회(Pentecostal church), AIC 교회(African Independent Church), 그리스도의 교회(Church of Christ), 하나님의 교회(Church of God World Mission), 그리고 침례교회

(Baptist Church) 등이 서로 다른 분파들로 섞여 있다. 그렇지만 이들 교회들의 예배의식은 거의 비슷하다. 공통적인 것은 지루하고 무질서하다. 교단별 특징이 거의 없고 이 교회, 저 교회의 예배의식을 가져다 혼합해 놓은 듯 보인다. 대부분 교회가 자체적으로 정한 순서에 따르고, 때로는 편의적으로 바꾸기도 한다. 예배 전의 간증시간에는 너도 나도 나와서 한마디씩 하는데 때로 이 시간이 거의 30여 분이 넘는다. 그리고 설교는 통상 맨 나중인데, 이쯤 되면 시작한 지 두 시간이 지난 시점이라 사람들은 피곤해하고 지쳐서 말씀에 집중을 하지 못한다. 그래도 사람들은 춤추고 뛰며 신나게 즐기는데, 춤과 노래를 좋아하는 이들 부족의 특성에 제법 잘 어울리는 듯하다.

★ 이단 집합소인 난민촌

남수단 북측 어퍼나일 지역, 북동측 종글레이 지역 등 심각한 분쟁지역은 외부인의 출입이 어려워 이단 종파의 접근이 쉽지 않은 데 비해, 남쪽지역과 우간다 난민촌은 이단 집합소처럼 많은 이단들이 몰려온다. 하지만 일반 성도들은 거의 분간할 수가 없다. 이단 신앙은 여러 문제를 일으키기도 한다.

모요 지역의 어떤 침례교 계통의 우간다인 여자 사역자가 바게리냐 난민촌에 교회를 개척하였다(침례교 이름을 붙인 여러 교파들이 있다). 그런데 이 여자는 이상한 교리를 전파하며 사람들을 미혹하기 시작했다. 아이들에게 학교에 다니지 않아도 된다고 말하고 황당한 교리를 전파하였는데, 학부모들이 항의하고 지역 목회자들이 회의를 한 끝에 이 여자를 난민촌 교회에서 추방하기로 결정하였다. 그런데 그 과정에서 물리적 충돌이 일어나 흥분한 청년들이 사탄이라고 돌을 던져 이 여자가 결국 죽는 사고가 발생했다.

이 일로 바게리냐 난민촌에서 무려 20여 명의 남수단 사람들이 체포되었고, 우리 신학교 강사로 일했던 바게리냐 난민촌교회 협의회장인 가뚀(KATO) 목사가 구속되는 대형 사고가 발생했다. 왜 남수단 난민들이 우간다인을 살해했느냐 그게 키 포인트였다.

그뿐 아니라 난민촌에는 미국, 영국, 케냐 등 여러 나라 단체에서 소위 예언자들이 와서 부흥전도집회를 가지는데, 이것이 사실상 큰 문제가 되기도 한다. 어떤 그룹들은 수백 장의 티셔츠를 인쇄하여 뿌리고 선전을 하기도 한다. 자칭 선지자, 예언자라는 단어와 그럴듯한 포스터에 현혹된 많은 사람들이 모이는데, 집회가 끝난 후 주최 측은 사람들을 동원한 지역 목회자들에게 그 대가로 돈을 준다. 그러한 이유로 목회자들은 소속 성도들을 이런 집회에 적극 참여시킨다. 그러나 이러한 영적인 혼합은 성도들의 신앙성장에 엄청난 지장을 준다.

이곳에는 이름을 전혀 모르는 한국인 목사의 이름이 적힌 설교집들이 대량으로 뿌려지기도 하는데, 이 땅에 불고 있는 악한 영의 침투를 그들에게 일일이 설명하기는 참 곤란하다. 다만 한국교회의 적극적 관심과 기도가 필요하다.

★ 남수단 교회들의 문제점

지금 남수단 교회들의 가장 큰 문제점은 목회자의 지적 수준과 그들의 영적 상태이다. 거의 70퍼센트가 넘는 상당수 목회자들이 초등학교만 겨우 나온 사람들이라는 것이다. 이들은 물론 많은 사람들이 오랜 내전으로 공부할 기회가 없었으므로 초등학교도 대단하다고 할 수 있다. 하지만 신학교육을 받지 못한 채 말씀을 전하는 것은 매우 위험하다. 지도자들이 성경에 대한 기초지식이 부족하다 보니 이단의 유혹에 빠져들기 쉽다.

우리 신학교 지원자들 중에서도 기초학력 미달로 입학이 거절된 사람들이 많이 있었다. 이들은 한결같이 영어를 읽고 쓸 수 있으니 공부를 할 수 있다고 말을 했지만, 막상 수업에서는 무슨 말인지 도저히 이해가 안 되어 스스로 포기하는 학생들도 있었다. 아프리카 사람들은 다들 적당히 속성으로 목사 안수를 받으려고 한다. 설교만 몇 번 하면 그때부터 아무나 목사로 부른다. 성도들도 글을 잘 모르니 성경을 읽을 수 없고(부족어 성경도, 영어성경도 아예 없다), 기도도 잘 할 줄 모른다. 여성들은 아이들을 기르며 농사짓고, 땔나무도 해오고, 물 길어오고, 남편의 구박도 다 받아야 한다. 하지만 삶이 피곤한 이들에게 교회는 유일한 위로의 장소가 되고 있다. 교회에 와서 신나게 춤추며 노래하면 예배를 잘 드린 것으로 착각을 한다. 이처럼 글을 모르는 여성들을 위해 성인학교를 열려고 준비 중인데, 문제는 사역자가 나 혼자이다 보니 역부족이다.

황무지에도 꽃은 피워야

1장
사도행전적 선교를 꿈꾸며

　남수단 케레피에 약 30만 평의 부지를 확보하였다. 나는 그 땅을 남수단 선교의 전초기지로 활용할 계획을 세웠다. 유치원, 초등학교 등 교육지원, 신학교육을 통한 기독교 지도자 양성, 농장, 지역 공동체 시설, 의료시설 등 복합 선교타운을 만들어 신생 독립국가인 남수단에 복음과 빵을 제공함으로써 효과적으로 복음을 전하려는 총체적 선교 프로그램(Holistic Mission)으로, 이름하여 레인보우 선교 프로젝트였다.

　이 프로젝트는 가톨릭이 강세인 이 지역, 그리고 수단 아랍의 영향을 받은 부족들에게 선교사가 접근할 수 있는 가장 확실한 대안으로 생각했다. 그렇다고 이것이 무슨 특별한 선교는 아니다. 이 원리는 무척 간단하다. 나는 이 선교의 원리를 '함께하는 것'이라고 이해했다. 원주민들과 더불어 함께 울고, 함께 웃으며 함께 살아가는 것이야말로 가장 강력하고 중요한 선교적 메시지이다. 이쯤 되면 그들의 필요는 곧 나의 필요가 되고, 그들의 고민이 곧 나의 고민이 되는 것이다. 내 몸으로, 내 삶으로 던지는 메시지처럼 강렬한 선교, 지역 공동체와 더불어 함께 사는 것 그 이상으로 확실한 선교는 없다고 생각했다. 내 말이, 내 삶이 곧 선교적인 메시지가 되기 때문이다.

내가 이 사도행전적 선교를 꿈꾸며 아프리카 남수단으로 나간다고 하자, 여러 사람들이 내게 묻는 공통적인 질문이 있었다.
첫째, 이것은 엄청난 재정이 소요되는 선교 프로젝트인데 가능한가?
둘째, 나이가 있는데 과연 혼자 이런 큰일을 감당할 수가 있을까?
셋째, 좀 무모하고 황당하다.

그렇다. 이 질문들은 지극히 당연하였다. 하지만 나는 오랫동안 주로 중국의 오지지역, 한국인 선교사들이 잘 안 다니는 그런 지역을 부지런히 돌아다녔다. 그러면서 오지 선교에 대한 꿈을 꾸었다. 남들은 좀 불안해했지만 그 당시 나는 그것이 무척 행복했고, 그때마다 또 주님이 주시는 놀라운 평안을 느낄 수 있었다. 남수단 땅을 두드린 많은 분들이 한결같이 '남수단은 아직 안 된다, 사회적 인프라가 너무 없어 사역할 수 없으니 좀 더 기다려보자'고 이야기했다. 그분들 이야기도 100퍼센트 맞는 말이다. 그런데 나는 포기할 수가 없었다. 아니 새롭게 개척하고 도전해 보고 싶은 마음이 들었다.

> "내가 달려갈 길과 주 예수께 받은 사명 곧 하나님의 은혜의 복음을 증언하는 일을 마치려 함에는 나의 생명조차 조금도 귀한 것으로 여기지 아니하노라"(행 20:24).

나는 성경 중 사도행전을 참 좋아하였다. 사도행전은 읽을 때마다 가슴이 벌렁거렸다. 우리가 알고 있듯이, 사도행전은 복음이 공동체

안에만 머무르지 않고 세상 밖으로 나아간다. 선교 역시 마찬가지이다. 선교에는 성령님의 역사가 나타나야 하고, 공동체적 목표가 있어야 한다. 그리고 성도는 그리스도를 위하여 받는 고난을 두려워하지 않아야 하며, 기적이 매일의 선교적 삶 속에서 나타나야 한다. 이것이 바로 사도행전이다. 거기에는 아픔이 있고, 매맞음이 있고, 배고픔이 있지만, 한편 기적이 있고 성령님의 임재가 있다. 이 얼마나 멋진 선교인가?

예전에 교회에서 성경통독 프로그램을 몇 번 진행한 적이 있었다. 목사님과 성경을 통독하는 스피커의 역할을 하였는데, 그때 성령의 감동에 펑펑 울다가 읽기를 중단한 적이 있었다. 사도행전은 내게 선교의 열정과 동기를 불어넣어 준 강력한 말씀이 되었다.

언젠가 남수단 수도 주바(JUBA)에서 남수단 한인회장으로 계신 김기춘 회장님을 만났다. 이분과 이런저런 이야기를 하던 중 나의 케레피 선교 프로젝트에 대한 이야기를 나누게 되었다. 이분도 내게 똑같은 질문을 던졌다.

"좋긴 좋은데…그런데 지금 나이도 있고 어떻게 이 많은 일들을 하려고 그러시는지 좀 이해가 안 되네요. 그리고 여기 남수단은 만만찮은 환경입니다."

"네…맞는 지적입니다. 그런데 제가 다 하려는 것이 아닙니다. 어떻게 선교사가 다 할 수가 있습니까? 저는 그저 길을 만들 뿐입니다. 선교적 기반을 만든 후 은퇴할 겁니다. 내 뒤를 이어 다른 선교사 누군가 이 프로젝트를 완성하고 발전시키는 일을 해나갈 겁니다."

그제야 그분은 고개를 끄덕이셨다.

이렇게 용감하게 도전은 했지만 사실 이건 모험 그 자체였다. 우선 당시 신생국가 남수단에 관한 정보가 별로 없었다. 오랜 세월 외부에 노출되지 않은 나라이고, 한국 선교사들도 거의 없었기 때문이다. 일반적으로 얻는 단편적인 지식이나 정보로는 충분하지 않았다. 워낙 많은 부족들이 살고 있을 뿐 아니라 각 부족별로 문화와 풍습, 언어가 달랐기 때문이었다. 결국 한 가지 방법은 온몸으로 부딪히는 수밖에 없었다.

남수단은 사법, 행정, 모든 질서가 마치 어린아이의 걸음마 단계와 같았다. 통상적인 가치규범은 이 나라에서는 통용되지 않았다. 이들은 한결같이 여긴 남수단이라는 말로 그들만의 가치기준을 정당화했다. 남수단 사람들에게는 전통 관습법이 우선이었다.

우리나라가 광복 이후 그러했듯이, 이 나라 역시 새로운 국가의 공무원으로 일할 사람들을 여기저기서 불러 모았다. 우선 수단의 통치하에서 국가 사무를 관장하던 아랍식 교육을 받은 이들이 주로 차출되었다. 그리고 외국에서 공부한 경험이 있는 교회의 목회자들이 차출되었다. 그나마 이들은 영어를 이해하고 사용할 줄 알았기 때문이다.

2013년, 주바에서 FM 방송국 설립을 위해 이를 관할하는 전파국을 찾아간 적이 있다. 그때 만난 그 국장의 책상에 '당회장 목사'라는 팻말이 붙어 있었다. 누에르족으로 키가 장대같이 큰 이분은 자신은 장로교 목사이며, 언제 자신의 교회를 한번 방문하라고 이야기하였다. 남수단이 분리독립을 하자 아랍계 사람들은 카르툼으로 돌아갔다. 남측은 주바 아랍어가 아닌 수단 정통 아랍어를 읽고 쓸 만한 사람들이 많지 않아서 영어를 공용어로 채택했지만, 아직도 주바 법원의 재판이나 공공 문서는 아랍어를 사용하고 있었다. 실제 무슨 일이 일어나는지는 소수만이 알 수가 있었다. 모든 과실은 글을 아는 사람들의 몫이었다.

믿음이 없고
패역한 세대여

남수단의 부정부패 지수는 세계 최고 수준이다. 소말리아가 세계 최고라는 통계가 있고, 아마 그다음이 남수단일 것이다. 컨테이너 반입 면세허가를 위해 찾아간 관세청 고위 공무원은 영어를 잘 이해하지 못하는 듯 보였다. 그가 우리 서류를 거꾸로 들여다보는 것을 보고 웃은 적이 있었다. 이방인이 아프리카 사람들과 함께 살아가는 선교를 하려면 이 나라의 관습법과 제도를 따라야 했다. 답답한 나라에 왔으니 답답함을 견뎌야 했다. 그 나라를 찾은 내게는 다른 선택의 여지가 없었다. 그런데 그게 참 쉽지가 않았다. 공무원을 통솔하고 지휘할 행정체계가 갖추어지지 않은 이 나라에서 하루아침에 벼슬을 차지한 많은 공무원들이 급속히 부패하기 시작하였다. 이들은 지금을 일생 일대의 기회로 보고 부정축재에 경쟁적으로 나섰다. 이들은 빼돌린 엄청난 국고로 우간다나 케냐 등지에 큰 집을 사고 자녀들을 유학 보내고, 고급 승용차를 타고 다닌다.

주바의 식당에서 가끔 만나는 어떤 사람은 지갑에 달러 뭉치가 수북하였다. 반면에 배고픈 아이들은 길거리를 헤매며 음식을 구걸하거나 훔쳐 먹기도 한다. 경찰이나 군인들은 그들 나름대로 이권을 좇아 돈을 모으기에 혈안이 되었다.

내가 마을에서 들은 이야기는, 2005년도부터 남수단 초기 과도정부에서 일하던 공무원들은 월급날 가방에 돈을 한가득 지고 날랐다는 것이다. 어떻게 그럴 수 있느냐고 물었더니, 통제 시스템이 없는 나라에서 먼저 잡은 사람이 임자라는 그런 논리였다. 그리고 일반 국민들도 관리들의 이런 부패를 지극히 당연한 것으로 여겼다.

국가는 돈이 없어 공무원들의 월급이 몇 달씩 밀렸는데, 중앙은행은 돈만 자꾸 찍어내기에 바빴다. 인플레이션이 극심하여 곧 짐바브웨 꼴이 난다고 모두 걱정들을 하였다. 은행에서는 달러 인출을 제한하니 얼마 되지도 않은 선교비를 인출하기가 너무 어려웠다. 남수단 파운드화는 휴지조각이나 다름없었다. 이런 실제적인 경제적 어려움을 다른 사람들은 전혀 모를 것이다. 이러니 정상적인 선교활동이 힘든 것이 당연했다.

2015년 언젠가 우리 지역 바게리 초등학교에 200여 명이 넘는 많은 사람들이 모인 것을 보았다. 저 사람들은 도대체 누구이며, 왜 저렇게 줄을 서 있느냐고 물었더니, 지난 몇 달간 밀린 교사들 월급을 주는 날이라고 하였다. 이 월급날이면 카운티(군청) 교육담당 공무원들이 나와서 관내의 전 학교 교사들을 운동장에 다 모아 월급을 한 명씩 지불한다.

처음에는 각 학교별로 돈을 내려보냈더니 중간에 회계담당자가 그 돈을 갖고 도망을 가버리는 일이 발생하였다. 은행이나 금융 시스템이 미비한 관계로 이런 원시적 방법을 사용한다. 이렇게까지 했지만 결국 그날도 일부 교원들은 월급을 수령하지 못했다. 돈을 나누어 주다 보니 좀 모자란다는 것이었다. 이 나라의 행정관리 시스템이 이렇다. 각자 알아서 살아가고 생존해야 한다.

한번은 대통령 살바키르가 국고를 훔쳐 부정축재한 공무원들에게 책임을 묻지 않을 테니 제발 그동안 빼돌린 돈을 자진 반납하라고 발표한 적이 있었다. 그간의 개인 범죄는 덮어 둘 테니 먹은 돈만 다 토해내라는 것이었다. 그러나 자진신고를 한 사람들이 거의 없었던 걸로 안다. 그들에게 그 돈은 죽었다 깨어나도 못 만져 볼 그런 재물이기 때문에, 차라리 감옥에 들어가서 몇 년을 살다 나오더라도 그 돈을 지키는 게 낫다고 생각하는 것이다.

길거리의 교통경찰이 받는 푼돈은 차라리 애교에 가깝다. 고위 공무원들은 석유나 광물자원을 훔치기도 하고, 중앙은행의 국고, 국세청 등에서는 아예 수백만 달러가 통째로 사라지기도 한다. 이 돈은 나라를 재건하는 데 쓰여야 할 소중한 자원이다. 그러다 보니 국가는 빈곤 탈퇴, 의료 및 교육과 같은 사회적 필수 서비스를 제공하지 못하고, 백성들은 궁핍과 가난을 벗어날 길이 없다. 공무원들의 공금 횡령, 탈세, 뇌물수수 등 부정부패는 신생국 남수단의 가장 골치 아픈 부분이다.

나를 남수단에 초청한 친구 역시 이런 케이스에 해당했다. 그는 고위층 비서실에 근무하면서 돈을 꽤 모았다. 한국에서 공부한 매우 똑똑한 친구였다. 행정능력도 있고 컴퓨터도 잘 다루고 해서 정부 요직에 발탁이 된 듯했다. 그런데 2012년도 말 내가 남수단에 들어가니 그의 행방을 도무지 알 수가 없었다. 메일을 보내도 답장이 없었다. 그를 아는 친구들은 머뭇거리며 정확한 대답을 해주지 않았다. 나중에 실토한 이야기로는 부정축재 혐의로 감옥에 가 있다는 것이었다. 얼마 동안의 옥살이 끝에 풀려났는데, 그 후 그는 금융회사의 간부로 취직을 하여 월 5,000달러의 상당한 급여를 받으며 생활하고 있었다. 그리고 자신은 양심상 더는 목회는 할 수가 없다고 실토하였다. 빈털터리 목사보다 은행 임원이 훨씬 좋았을 것이다. 이것이 남수단의 서글픈 현실이었다.

우간다 캄팔라에는 이같이 부정축재한 돈으로 부자들만 사는 동네에 집을 사고 떵떵거리며 살아가는 남수단 사람들이 많이 있다. 그들의 자녀들이 다니는 사립학교 앞에는 아이들을 데리러 온 학부모들의 고급 차량이 줄을 선다고 한다. 이런 사람들에게 우리 같은 가난한 선교사는 별로 할 일이 없다. 우리가 대중식당에서 옥수수 뽀쇼를 먹을 동안 그들은 고급 호텔에서 술을 마시고 인생을 즐긴다.

우간다 한인교회에서 만난 어떤 분이 내게 이런 질문을 하였다.

"남수단 사람들은 돈 많은 부자들이지요? 캄팔라 부촌의 집들 대부분은 남수단 사람들이 주인입니다."

"그래요? 아마 그럴 겁니다. 그런데 그들 중 상당수가 도둑일지도 모릅니다."

데레토
- 레인보우 빌리지

★ 광야에 길을, 사막에 물을 내시는 분

남수단이라는 나라가 이렇게 어렵고 힘든 나라인 줄 알았더라면 나도 처음부터 도전하지 않았을지도 모른다. 우리 옛말에 무식하면 용감하다는 말이 있듯이, 그 땅에 대해 잘 몰랐기 때문에 무조건 도전하고 부딪혔던 것이다. 그런데 어려운 남수단 개척 선교에 동참할 한 분이 나타났다. 우리 선교회의 살림을 맡고 계신 배정환 목사님(하늘정원교회)께서 어떤 한 분을 소개해 주셨는데, 이분은 한국인이 아닌 대만 국적으로 중국식당을 운영하는 중국인 권사님이셨다. 권사님께서는 어렵게 모은 큰돈 1억 원을 남수단 선교를 위해 기꺼이 내놓으셨다. 이분이 아니었으면 남수단 선교의 첫발을 내디딜 수가 없었을 것이다. 결론적으로 말하자면, 남수단 선교는 한 중국인의 헌신으로 역사적인 첫발을 내딛게 되었다. 이 얼마나 놀라운 일인가?

나는 우여곡절 끝에 남수단 데레토 선교기지 레인보우 빌리지에 초등학교 기공 첫 삽을 뜨게 되었다. 기공식 날은 온 동네 잔칫날이었다. 마디 부족 전통무용단과 지역 교회들, 그리고 온 동네 사람들이 다 동참하여 지역의 숙원사업인 학교 건축의 시작을 축하했다. 그런데 우리가 확보한 땅은 사실상 농사를 지을 수 없는 거친 땅이었다. 대나무, 돌들이 덮여서 부지조성공사가 쉽지 않았다. 처음에 동네 사람들은 자기네들이 인력으로 부지를 조성할 테니 인건비를 달라고 하여 그게 좋겠다는 생각이 들어 허락을 했다. 그런데 수십 명의 인력으로도 황무지 개간은 한계가 있었다. 돈만 잔뜩 허비하고 진도는 나가지 않았다.

사람들은 아침에 우르르 몰려와서 일을 하다가 오후가 되면 집으로 돌아갔다. 큰 돌덩어리를 깨고 정지하는 일은 힘에 부쳤다. 결국 인근 몰리(Moli) 지역에 나와 있던 인도인 건설회사의 불도저를 임차하여 작업을 시작했다. 하루 임대료가 거의 1,000달러 가까이 되었지만 불도저가 등장하여 숲을 밀기 시작하자 서서히 광대한 토지의 윤곽이 드러났다.

그런데 이 초등학교 건축은 전혀 뜻밖의 이유로 중단되었다. 이제 막 부지를 조성하고 건축 준비를 하려는데 마을 커뮤니티들이 나를 찾아왔다. 유엔에서 남수단 전역에 학교 100개를 지어 주는데, 그중 우리 동네에 있는 데레토 초등학교가 당첨되었다는 것이다. 당시 데레토 초등학교는 대나무로 얼기설기 엮은 가건물이었다. 만약 우리가 이 지역에 학교를 세우게 되면 유엔에서는 학교건축지원을 취소할지 모른다. 그러니 우리 학교 건축은 유엔의 초등학교 공사가 끝날 때까지 잠시 보류해 달라는 부탁이었다.

대신 이들은 학교보다 먼저 교회와 내가 살 집을 먼저 지으라고 했다. 아쉽지만 학교 건축은 보류가 되었다. 결국 나는 계획을 바꾸어서 우리 부지 언덕 위에 먼저 선교센터를 짓기 시작하였다. 숲속 언덕 위에 터를 만들고 돌을 깨어 기초를 만들었다. 기초 콘크리트에 필요한 자갈들은 동네 아이들을 시켜 주워 모았다. 아이들은 신이 나서 순식간에 많은 돌들을 모았다. 다행히 주변은 자갈들이 많은 산이어서 돌을 모으는 일은 그리 어렵지 않았다. 용돈을 벌 수단이 없는 많은 아이들이 우리 집 짓는 데 동원이 된 셈이었다. 아이들도 무척 기뻐하였다. 아이들은 생전 처음으로 자기 노력에 대한 대가를 받았기 때문이다.

하지만 건축자재들을 사 나르는 일은 보통이 아니었다. 유엔에서 짓는 초등학교는 여러 대의 컨테이너로 자재를 일괄 수입하여 공급하였지만, 그럴 형편이 안 되는 우리는 거의 매일 트럭을 끌고 우간다 엘레구(Elegu) 시장과 남수단 수도 주바를 오르내리며 시멘트, 철근, 목재 등을 사와야 했다. 필요한 건축자재들을 사오는 일은 내 하루의 일과였다. 일부 목재들은 우리 부지 안에 자생하는 커다란 나무를 벌목하여 목재를 직접 만들기도 했다.

다행히 한국에서 컨테이너에 싣고 온 건축자재(창틀), 문짝 등이 있어서 큰 도움이 되었다. 플라스틱 창호는 이곳에서는 구할 수 없는 자재였다. 천장 텍스 재료는 주바의 인도인 가게를 통하여, 바닥 타일은 중국회사로부터 직접 구입하였다. 남수단에서 건축만큼 힘든 일은 없다. 운임이 비싸다 보니 시중 가격도 엄청 비싸다. 그 흔한 못 하나도 자체 생산이 안 되는 나라이기 때문이다. 시중에 있는 거라곤 대부분 중국에서 수입한 조잡한 물건뿐이었다.

그런대로 쓸 만한 주택이 지어졌다. 내부마감이 되기도 전에 우리는 서둘러 데레토 마을로 이사를 하였다. 집세를 한 푼이라도 줄이는 게 사역에 도움이 될 듯하였기 때문이다. 데레토는 내가 살던 케레피 마을보다 훨씬 더 가난한 주민들이 사는 동네였다. 언덕 위에는 무탈라 마을이, 그리고 뒤편에는 데레토 마을이 우리 센터를 감싸고 있었다. 원래 우리 부지는 태곳적부터 아무도 손을 대지 않은 원시상태 밀림 숲이었다. 대나무, 마호가니, 관잡목류가 자생하고 있었지만 대부분이 농사를 지을 수 없는 비탈이거나 바위투성이었다. 부지의 총 길이만 무려 3킬로미터인데, 이 토지는 인근 몰리 안드로 마을까지 이어졌다.

하지만 토지를 개발하는 데 이런 자연조건은 그리 큰 문제가 아니었다. 우리 땅 언덕 위에 올라서면 멀리 나일 강과 우간다가 내려다보이는 전망 좋은 토지였다. 아침이면 아름다운 산새들이 집 앞에 몰려와서 아름다운 노래를 불러 대기도 하였고, 밤에는 들여우 소리도 들렸다.

이 여우는 가끔씩 닭장의 닭을 잡아가기도 하였다. 주변 숲에는 온갖 아름다운 야생화들이 피기도 하였다. 건기에는 길이가 2-3미터가 넘는 파이돈(Python: 아프리카 비단뱀)도 많이 출몰한다. 이 뱀은 나무와 나무 사이를 휘감아 잽싸게 이동을 하는데 가끔 우리 병아리를 잡아먹었다. 밤중에 요란한 닭 울음소리가 들리면 어김없이 그날은 여우나 뱀이 출몰한 밤이었다. 우리의 생활은 그 지역 아프리카인의 삶과 큰 차이가 없었다. 이런 생활은 원시 아프리카 생활을 감상하는 낭만이 아니라 차라리 오지 체험이었다.

언덕 아래 계곡에 우물을 하나 팠다. 이 우물은 마을 사람들에게 생명의 물이었다. 아침이면 많은 동네 아이들이 몰려와 우물가에 줄을 섰다. 저녁에도 길게 줄을 서서 물을 퍼갔다. 단지 중앙을 가로지르는 20미터의 진입 도로를 개설하기 위해 불도저로 길을 만들었는데, 그 도로는 동네 아이들의 놀이터가 되었다. 아이들은 매일 방과 후 우리 집터에 몰려와 축구를 하거나 찬양연습을 하곤 하였다.

이렇게 해서 나는 진짜 마디족 부락의 일원이 되었다. 마을 사람들도 나를 존경하고 존중해 주었다. 5월이면 케레피 지역 망고나무에는 무수히 많은 망고가 달린다. 케레피 망고는 내가 이제껏 먹어본 망고 중 최고의 맛을 자랑한다. 달콤하며 상큼한 맛과 새콤한 맛이 일품이다. 아이들은 이 망고를 따 가지고 우리 집에 들고 오기도 하고, 밭에서 옥수수를 꺾어 가지고 오기도 하였다. 우리는 아이들에게 사탕을 나눠 주곤 했는데, 이 사탕 먹는 맛에 온 동네 아이들이 망고를 가지고 와서 우리 집에는 망고가 넘치기도 하였다.

우리 우물에 나오는 아이들과 동네 사람들과는 자연스럽게 이웃이 되었다. 그러면서 나는 이 마디족 사람들의 관습과 풍습, 그리고 전통과 사고방식을 알 수가 있었다. 화초 가꾸기를 좋아하는 아내는 언덕 아래 개천 주위에 밭을 일구고 채소를 심었다. 토지가 비옥하고 풀이 잘 자라는 지역이라 열무, 상추 등 채소 재배는 그런대로 잘 되었다.

교회는 우리 집 거실에서 먼저 시작되었다. 주변에 교회가 하나도 없는지라, 누가 시키지 않았는데도 아이들이 주일마다 우리 집으로 몰려들었다. 처음에는 베란다에 돗자리를 깔고 예배를 드리기 시작하였다. 그런데 아이들이 점점 많이 몰려들었다. 교회를 아직 짓지도 않았는데 사람들이 몰려오니 어쩔 수가 없었다. 그다음 주일부터는 주변에 있는 큰 나무 아래를 교회터로 잡았다. 아이들은 각자 연장을 가지고 와서 나무 아래에 예배 장소를 정지하였다. 아쉬운 대로 의자 몇 개, 그리고 갈대 줄기를 엮은 파파이라스를 깔고 모였다. 그래도 매주일 거의 200여 명 넘게 모였다. 토요일이면 동네 아이들은 우리 집 앞마당에 모두 모여서 찬양 연습을 하고 춤을 추고 즐거워하였다.

드디어 교회 건축이 시작되었다. 남수단에서 가장 크고 아름다운 멋진 교회를 짓기로 하고 터를 잡았다. 교회부지는 우리 센터에서 서측 약 100미터 떨어진 언덕 위로 정했다. 전망이 참 좋았다. 석양 노을이 아름다웠고, 언덕 위에 서서 바라보면 멀리 나일 강과 그 강 건너 우간다 땅이 내려다보였다. 밀림 숲 쪽에서 시원한 강바람이 올라와서 무더운 건기에도 그런대로 시원하였다. 가로 10미터, 세로 25미터 본당과 사무실 등이 부속된 바닥 면적만 거의 100평 규모였다. 가장 큰 애로는 건축자재 조달이었는데, 사실 이게 무척 힘들었다.

첫 번째 재료는 주변에 지천으로 널린 돌이었다. 나는 힘이 센 마을 청년들을 동원하여 산에서 돌을 깨도록 하였다. 할 일이 없는 마을 청년들에겐 더없이 좋은 부업이었다. 기초 바닥 콘크리트를 한 후 하단부부터 돌을 깨어 석조 벽체를 만들기 시작하였다. 두 번째 자재인 모래는 바게리 지역을 흐르는 조그만 개울 옆의 강 모래를 실어 날라야 했다. 건물은 자연석 벽체를 쌓아 마치 중세의 건물 같은 느낌이 들도록 만들었다. 교회당은 남측의 20미터 메인 진입도로를 통하여 예배당으로 들어가는데, 약 50미터 길이의 계단을 통해 올라가도록 설계하였다. 이것이 참 멋지고 어마어마한 디자인이었다.

이 지역 내 가톨릭 성당인 노아 성당은 무려 100년에 걸쳐 지었다고 하였다. 그렇다면 우리 교회도 100년 후엔 사람들이 그렇게 부를 것이다. 이런 생각을 하니 너무 기뻤다. 아침에 일어나면 나는 찬이슬이 송송 맺힌 숲길을 걸어 예배당 터를 돌면서 기도를 하였다. 저녁에 돌아와서도 교회터를 찾아 공사 진행과정을 살펴보고 기도를 하였다. 혹시 주바를 다녀오다 밤늦게 돌아오는 날엔 플래쉬를 켜들고 공사현장을 찾았다. 아무도 없는 텅 빈 숲속에서, 또는 캄캄한 밤중에 나는 마음껏 소리 높여 찬양을 하였다. 나의 노래는 잔잔한 메아리가 되어 산허리를 감고 되울려 왔다. 지금도 그때만 생각하면 가슴이 벅차오른다.

"주 하나님 지으신 모든 세계 내 마음속에 그리어 볼 때
하늘의 별 울려 퍼지는 뇌성…."

가톨릭이 대세인 이 지역에 장차 남수단 선교의 전진기지가 될 교회를 개척한다는 것은 또 다른 도전이었다. 나는 너무너무 신이 났다. 당시는 아침부터 밤늦게까지 일을 해도 피곤한 줄을 몰랐다. 그러면서 나의 기도는 항상 같았다.

"주님, 이 교회가 남수단 최초의 한국선교의 중심 기지가 되게 하여 주옵소서. 이 교회를 통하여 가난하고 불쌍한 남수단 사람들에게 천국 복음이 전파되게 하여 주옵소서."

내 머릿속에는 이 교회를 통해 펼쳐질 그다음 프로그램들이 파노라마처럼 떠올랐다. 목회자들이 모여 회의할 만한 변변한 공간조차 없는 이곳 남수단에서 이런 공간은 그야말로 엄청난 축복이 될 것이었다. 하지만 나는 이곳에 교회당 짓는다고 어느 누구에게도 건축헌금이나 후원을 요청한 적이 없었기 때문에 곧 건축재원 조달의 어려움에 봉착했다.

그런데 하나님의 계획은 처음부터 우리의 생각과 달랐다. 하나님께서는 얼마 후에 일어날 남수단 내전을 미리 아시고 공사를 정지시키셨다. 이건 결코 우연이 아니었다. 만약 우리가 그때 초등학교를 다 지었더라면 2016년 데레토 내전 때 다 파괴되었을 것이다.

교회도 마찬가지였다. 공사는 매우 느리게 진행이 되었는데, 결국 다 마치지 못하고 전쟁이 터졌다. 그때 나는 거의 매일같이 주바와 니물레를 오가며 시멘트 등 자재를 실어나르는 일을 하느라 몸이 만신창이가 되어 있었다. 눈도 퀭하니 들어갔다. 먹는 것이 별로 없으니 몸이 마르는 것은 당연하였다. 점심 식사는 매일 콜라 한 병으로 때웠으니 속이 온전할 리가 없었다. 그 후로 위염과 위궤양으로 고생을 해야 했지만, 하나님의 집의 머슴으로 나는 최선을 다하였다.

★ 구제 및 구호활동

교회 건축을 시작하고 얼마 안 되어 남수단 국가대표 축구감독으로 계신 임흥세 감독을 통해 구호물자를 가득 실은 40피트 컨테이너를 하나 기증받았다. 거기에는 온갖 물건들이 들어 있었다. 약 600여 장의 담요와 옷가지, 신발, 축구 유니폼, 컴퓨터, 학용품, 온갖 물건들이 들어왔다. 거의 대부분이 가정에서 남아도는 물품들을 수거하여 깨끗하게 세탁해서 보낸 중고 물품들이었다. 하지만 이 지역 아프리카 원주민들에겐 엄청난 축복의 선물이었다. 우리 마을에서는 한바탕 난리가 났다. 마을이 생긴 이래 이처럼 많은 물건이 한꺼번에 들어온 것은 처음이었다. 우리도, 사람들도 모두 신이 났다.

물품 중 전북은행 여직원들이 입던 중고 유니폼도 있었는데, 우리 교회 어린이 성가대 유니폼으로 사용했다. 티셔츠, 신발 등은 돌을 주워온 동네 아이들에게 나누어 주었다. 그중에 제일 인기가 있었던 것은 밍크 담요, 이불과 매트 등이었다. 이 물건들은 모두 임정엽 (전) 전북 완주 군수님께서 열심히 모아서 보내주신 기부 물품이었다. 이렇게 이름 없이 봉사하고 사랑을 나누는 분들이 있었다. 나는 지금도 이분들께 감사한다. 참 대단하신 분들이셨다. 하나하나 모두 그들의 정성과 사랑이 가득 담긴 물품들이었다.

더운 아프리카에서 담요가 이렇게 쓸모가 있는지 전혀 몰랐다. 이곳도 우기철에는 갑자기 급격히 기온이 떨어지기도 한다. 이 밍크 담요 한 장은 그들 가정에 엄청난 도움이 되었다. 소문이 나자 수 킬로미터 떨어진 인근 동네에서도 사람들이 오기 시작했다. 담요 한 장을 받기 위해 꼭두새벽부터 몰려온 많은 사람들로 우리 집 앞은 야단이 났다.

우리는 번호표를 만들어 사람들에게 나누어 주고 배급 인원을 조정하였는데, 번호표를 서로 먼저 받으려고 싸우고 난리가 났다. 나중에는 이것도 정리가 안 되어 나는 사람들에게 주변 산에 가서 교회당 건축에 필요한 돌을 깨 모으라고 시켰다. 당신들도 마을 교회를 짓는 데 뭔가 해야 하는 것 아니냐 했더니 모두 흔쾌히 수락했다. 아침에 오면 순번대로 번호표를 나누어 주고 돌을 모으는 일을 시켰다. 한두 시간이면 한 무더기의 돌을 주워 쌓았다. 작업이 끝나면 담요를 한 장씩 나누어 주었다. 담요가 거의 600여 장이니 데레토 마을은 가구당 한 장씩은 다 나누어 가졌을 것이다.

그리고 남은 의류는 봉고차에 싣고 깊은 오지마을인 몰리안드로, 오피리 등지로 가서 나누어 주기도 하였는데, 이 일로 그 지역 사방의 모든 사람들이 우리를 알게 되었다.

4장

눈물로 씨를 뿌리는 자들
– 남수단 엔젤 프로젝트

햇불트리니티 신학대학원대학교(TTGU)에는 해외 선교지에 나가서 사역하고 있는 동문 선교사들의 부족한 부분을 지원하고, 또 선교사역에 함께 동참하여 선교 비전을 넓히며, 다양한 인적 네트워크를 만들려는 목적으로 수립된 선교 프로그램이 있다. 이름하여 '엔젤 프로젝트'이다. 학교의 선교와 신학교육을 각 선교지에 연결해 주는 프로그램인 셈이다.

학생들은 매년 여름과 겨울방학 때 팀을 만들어 여러 선교지를 방문하고 선교 대상 지역을 연구하며, 선교사들의 사역을 이해하고 또 지원방안 등을 협의한다. 엔젤 팀은 교수와 재학생, 그리고 동문들 중에서 각 분야의 전문가, 예컨대 교수, 경제, 농업, 보건의료 등 다양한 분야의 전문가들로 구성된다.

2015년도 여름 엔젤 프로젝트는 선교학 교수님이신 박형진 교수님께서 인솔단장이 되셨다. 교수님께서는 내가 TTGU에서 공부할 때부터 나의 남수단 프로젝트를 잘 알고 계셨던 분이다. 너무 고맙기도

하고 또 미안하기도 하였지만, 남수단 선교현장을 직접 보여드릴 수 있는 좋은 기회라고 생각하였다. 그런데 이번에는 학교 엔젤 프로젝트 사상 가장 많은 무려 20여 명이 지원을 하였다. 또한 다양한 여러 재능이 있는 분들이 함께하였다. 음악, 미술, 강의 등 능력을 갖추고 언어 실력이 뛰어난 분들이 동원되었다.

남수단의 우물에는 어디나 상당량의 석회석이 검출되어 나온다. 그릇이나 세면대 등이 한참 후에는 하얀 석회로 코팅이 된다. 이걸 거르기 위해서는 역삼투압 정수기나 특수 여과기를 통하여 정수를 해야 맑은 물을 사용할 수 있게 된다. 이번 팀에는 선교를 위해 이에 관련된 기술까지 다 연구하고 오신 분들도 있었다. 이들은 정수설비를 설치하고, 솔라 전기와 필요한 장치들을 설치해 주었다.

또한 선교팀은 남수단 독립 후 처음 개교한 신학교인 우리 ACTS Bible College의 개교 기념행사를 주도하며 아주 성대하게 개교 기념예배를 드렸다. 한국식의 화려하고 빈틈없는 의전용 실내 장식과 행사는 남수단 현지인들에게 놀라운 문화적 충격을 주었다. 이 기념식에는 남수단 정부를 대표하여 동부 에콰토리아 주지사가 참석을 했고 교단의 대표도 참석을 했는데, 중앙정부에서는 남수단 국영 TV(SSTV)에서 행사를 녹화하여 방송을 했다. 우리 선교팀의 특별 찬양과 퍼포먼스 역시 남수단 국영 TV를 통하여 소개되었다. 특히 이날 점심식사는 한국 뷔페 스타일의 음식까지 직접 만들어 제공하여 풍성한 잔치를 열었다.

그러나 무엇보다도 TTGU 엔젤 팀의 방문은 남수단 오지에서 홀로 외롭게 사역해 오던 나와 아내에게 말할 수 없는 감동과 격려가 되었다. 마지막 날은 캠프파이어를 하며 밤늦도록 기도하고 찬양하였다. 밤하늘에는 무수한 별들이 아름다운 은하수와 함께 장관을 이루며 우리를 축복해 주었다.

그런데 결국 여기에서도 사고가 터졌다. 출발 전 몇몇 분들이 몸이 이상하다고 하며 말라리아 증상을 보이기 시작했는데, 나중에 귀국해서 확인해 보니 무려 8명이나 집단으로 말라리아에 감염되었다. 이들은 여러 병원에 분산 입원하여 치료를 받는 등 학교와 교회, 각 가정에서 한바탕 큰 소동이 일었다.

그 후 학교에서는 나의 남수단 선교의 어려움을 이해하고 어떻게 하면 남수단 선교를 지원할까 많은 노력을 기울이게 되었다. 지난 2013년의 ACTS 팀에 이어 2015년에도 TTGU 단기선교팀들도 지독한 말라리아에 걸려 곤욕을 치르다 보니 아무도 이 땅을 오려고 하지 않았다. 다시 홀로 외롭고 힘들었지만, 나는 교회와 신학교 강의, 유치원 건축, 교회 건축 등 매일매일의 바쁜 일정을 소화해 나가야 했다.

5장

교통사고를 당하다

 사람들은 니물레-주바 간 국도를 남수단 유일의 고속도로라고 불렀다. 이 도로는 독립 이후 가장 먼저 아스팔트로 포장되었다. 우간다 국경을 건너 남수단으로 들어가는 모든 차량은 이 도로를 지나야 한다. 그런데 이 도로는 일부 구간의 커브가 심하고 시야가 숲에 가려져 잘 안 보여서 운전이 쉽지 않다. 또 야간에는 화물차 외에는 차량이 거의 다니지 않는다. 캄캄한 밤중에 혼자 운전하다 보면 두렵기까지 한데, 야생동물들이 갑자기 툭 뛰어나기도 한다.
 그래서 도로 사정에 익숙하지 않은 외국인 화물트럭 운전자들이 대형사고를 많이 낸다. 도로 통행법이 우간다는 좌측운전이지만 남수단은 대륙식으로 우측통행이다. 처음 오는 운전자가 이를 착각하여 가끔씩 초대형사고로 이어진다. 길 옆에는 사고로 버려진 차량들이 많다. 사고로 뒤집힌 대형 컨테이너 트레일러나 트럭 등을 거의 매일 보게 된다. 어떤 때는 국제버스가 뒹굴어 수십 명이 죽는 대형참사가 일어나기도 한다. 야간 버스는 위험하고 무자비하게 난폭운전을 한다. 이 야간 버스는 거의 100킬로미터 넘는 미친 속력으로 우간다에서 밤새도록 달려와서 아침에 남수단 국경을 넘는다. 주바에 도착하면 오후 시간이 된다. 운전자들이 피곤하다고 잠을 쫓는 환각성분이 있는 약초를 씹는데, 이것이 대형사고의 주원인이 되기도 한다.

2015년 7월 24일, 사역을 마친 엔젤 선교팀을 배웅하기 위해 주바 공항으로 나갔다. 그날 팀원들은 다 한국으로 돌아갔고, 일행 중 서유진 여전도사님만 홀로 남았다. 그분은 우간다 내의 다른 선교사님을 만날 계획과 다른 선교지를 더 둘러보고 한국으로 나갈 예정이었다.

공항에서 돌아오는 길에 시내 주유소에 들렀다. 며칠간 기름이 없었는데, 운 좋게 이날 유류가 들어왔다. 하지만 주유소 앞은 차량으로 이미 초만원이었다. 많은 대기 차량 때문에 이날 아마 거의 두 시간 넘게 기다려서 겨우 차에 연료를 채울 수가 있었다. 그러고 나니 시간은 이미 저녁 6시가 넘어가고 있었다.

당시에는 반군들이 가끔 국도변에 출몰한다고 하여 저녁 6시가 넘으면 주바에서 외부로 나가는 국도를 봉쇄했다. 그런데 이상하게 그날은 도로가 차단되지 않아 검문소를 무사 통과하였다. 남수단은 높은 산이 없다 보니 해가 지면 날이 금방 어두워진다. 한두 시간 정신없이 달렸을까? 아루정선(Aru Junction) 가까이 오던 중 그만 큰 교통사고를 당하고 말았다. 반대편에서 컨테이너 트럭이 눈부신 전조등을 켜고 차선을 넘어 달려왔다. 앞을 볼 수 없어 잠시 속도를 줄이던 사이에 내 뒤를 따르던 대형 화물트럭이 내 차를 들이받은 것이다. 눈 깜빡하는 사이에 일어난 교통사고였다. 이 충격으로 내 차는 거의 15미터를 날아가 길 옆 가드레일을 받고 멈춰 섰다. 조수석에 타고 있던 서유진 전도사님이 놀라서 외마디 소리를 질렀다.

"으악~~선교사님! 어떡해요!"

사실 나는 그때 이미 정신을 깜박 잃었었다. 서 전도사님의 고통스러운 비명이 없었다면 아마 차는 숲속에 처박혔을 것이다. 기적적으로 핸들을 도로 쪽으로 틀었던 걸로 기억이 난다. 캄캄한 밤중에, 아무도 없는 길에서 일어난 돌발 사고였다. 도로 양옆은 밀림 숲이고 커브 길이라서 시야가 잘 보이지 않을 뿐 아니라 주변에는 민가가 하나도 없었다.

정신이 혼미한 상태였는데 잠시 후 어떤 사람 둘이 나타났다. 그들은 우리가 죽었는지 살았는지 확인을 하였다. 우리를 꺼내 줄 생각은 하지 않고 한다는 소리가 "아…살았어. 안 죽었네"였다. 나는 정신 차리고 문을 열고 나오려 했으나 운전석 문이 찌그러져 나올 수가 없었다. 다행히 차량의 유리를 내리고 그 사이로 겨우 빠져나왔다. 전도사님은 아픈 몸을 잘 가누지 못했다. 너무 황당하고 또 무서웠다. 한편 마음속으로는 감사의 기도가 절로 나왔다.

'하나님, 이렇게 저를 살려주셔서 감사합니다.'

나중에 보니 우리의 생사를 확인하려고 한 사람들은 바로 우리를 친 사고 트럭의 운전자들이었다. 워낙 튼튼한 차체의 쌍용 무쏘 차량이었기에 망정이지, 다른 승합차나 소형차였더라면 아마 대형사고로 이어졌을 것이다.

뒤이어 봉고 화물차를 몰며 내 뒤를 따르던 우리 스태프 조셉이 도착을 했다. 이 정도 사고로 그친 것이 너무도 감사했다. 만약 허리나 팔다리라도 부러졌다면 이건 정말 큰일날 뻔했다. 주변은 사방이 캄캄한 숲이었고, 마을도 병원도 없고, 이미 시간은 저녁 8시가 넘은 밤이었다. 더구나 통신도 안 터지고, 도무지 해결방안이 없는, 생각만 해도 끔찍한 상황이었을 것이다. 그런데 하나님은 천사를 보내 우리를 지켜 주신 것이었다.

조셉은 봉고 트럭의 차 키를 내게 주며 나보고 집으로 먼저 가라고 하였다. 그리고 사고 현장은 자신이 지키며 경찰에 신고하겠다고 하였다. 겨우 정신을 차리고 나는 다시 봉고차를 끌고 집으로 무사히 돌아왔다. 전도사님은 다행히 큰 부상은 아니었다. 운전을 하며 오는 도중에 허리 부분의 통증을 참느라 무척 힘들어하셨다. 설상가상으로 전도사님은 말라리아 증세까지 왔다. 갑자기 열도 오르고 밤새 매우 힘들어하였다.

그다음 날 조셉이 사고 차량을 견인하여 수도 주바의 정비공장에 맡겼지만, 가해 차량 운전자는 끝내 나타나지 않고 도망을 갔다. 나는 경찰에게 운전자를 꼭 잡아 달라고 부탁을 하였다. 차비가 없다고 해서 출동하는 데 드는 비용까지 지불을 했지만 소용이 없었다. 그 후 거의 6개월을 정비업소에 두었는데 결국에는 우리 차량의 타이어, 알루미늄 휠, 차량의 스피커 등 중요 부품을 다 도둑 맞았다. 사고 보상은커녕 결국 내 돈을 들여 천신만고 끝에 겨우 아프리카 스타일의 차량으로 수리를 해야 했다.

통신 사정이 열악한 이곳 남수단에서 범죄자를 찾는 건 서울에서 김 서방 찾는 것보다 어렵다. 이들은 죄를 지으면 맨 먼저 전화번호를 바꾸고 잠적을 한다. 통신 연락이 안 되니 도저히 잡을 수가 없다. 대중교통이 원활하지 않은 상태에서 어떤 경찰도 범인을 잡으러 다니지 않는다. 어디든 도망가면 그걸로 끝이었다.

전도사님은 그다음 날 정말 간신히 우간다로 출국하였다. 몸이 좋지 않았고, 말라리아에 걸려 식사도 제대로 할 수 없는 상황이라 비행기를 타고 무사히 한국까지 갈 수 있을지 매우 걱정이 되었다. 결국 한국에 귀국한 이후 심한 말라리아 증상으로 병원에 거의 몇 주일을 입원하고 생사를 넘나드는 고생을 하였다고 한다.

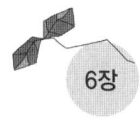

6장

보이지 않는
또 다른 전쟁 속에서

　원주민들과 함께 아프리카 원시 부족 마을에서 살아간다는 것은 그들의 갈등과 아픔을 함께 느끼며 살아가는 것을 의미한다. 하지만 선교사가 갑자기 삶의 환경을 우리나라 60-70년대로 되돌린다는 것은 말처럼 그리 쉽지 않다. 나는 어쩔 수 없이 수십 년 전으로 돌아가긴 했지만 남수단에서는 보이지 않는 또 다른 전쟁을 매일 치러야 했다. 그것은 다름 아닌 바로 경제전쟁과 질병과의 전쟁이었다.
　우선, 경제전쟁은 유류와 달러 확보 싸움이었다. 사실 이 전쟁은 참으로 짜증나고 고통스러웠다. 언제 끝날지 모르기 때문이었다. 남수단의 경제 사정은 상상 외로 열악하고 취약하였다. 당시 남수단 주바 시내에는 유류가 부족하여 어쩌다 유류를 실은 탱크로리가 주바에 들어오면 주유소마다 온통 난리였다. 어떤 때에는 하루 종일 4-5시간을 기다려야 겨우 한 번 주유를 할 수가 있었다. 만약 그날 주유를 실패하면 시중 암시장에서 주유소 가격보다 두 배나 비싼 가격에 사야 했다.

남수단은 산유국임에도 모든 유류는 수입에 의존하였다. 정유공장이 없기 때문이다. 원유는 싼 가격에 수출하고 정제된 원유는 비싸게 사와야 한다. 가격이 비싼 것은 어쩌면 당연하였다. 그런데 경제를 잘 모르는 군인 출신의 대통령 살바키르의 엉뚱한 지시 때문에 유류 가격이 폭등하게 된 것이다. 유류 가격이 너무 비싸다고 가격 인하를 지시했고, 그 여파로 수입업자들의 납품 거부로 유류 공급에 차질이 생겼기 때문이다.

결국 이런 시장 행태에 지쳐 버린 나는 가격이 좀 비싸더라도 국경을 넘어 이웃 우간다에 건너가서 사오곤 했다. 차량의 유류 구입이 이처럼 어려우니 선교사의 사역 자체가 매우 불안정했다. 이런 어려움은 당해보지 않은 사람들은 아마 잘 모를 것이다. 또 이해가 되지 않을 것이다. 차량용 휘발유뿐만 아니라 디젤도 마찬가지이다. 유류가 부족하니 발전기를 돌릴 수가 없고, 발전기를 돌리지 못하니 전기 생산이 안 되고, 전기가 없으니 통신 네트워크가 끊어진다. 어떤 때에는 마시는 생수조차 바닥이 날 때가 있다.

주유 전쟁은 거의 날마다 벌어진다. 문제는 힘과 권력이 있는 사람들이 석유를 매점매석한다는 것이다. 이런 매점매석은 대부분 군이나 정부의 실력자들이 하는 짓이라 단속은 아예 없다. 가령 10여 대의 탱크로리가 주바에 들어오면 겨우 한두 대 분량의 유류만 시중에 풀고 나머지는 군부대가 다 가져간다고 한다. 이렇게 빼돌린 유류는 다시 암시장에 내다 판다. 자연히 그들은 앉아서 큰돈을 벌게 된다.

또 다른 하나는 달러 전쟁이다. 남수단에는 경제난으로 달러가 부족하였다. 당시 은행에서는 달러 인출을 엄격히 제한했다. 이렇게 되면 할 수 없이 남수단 파운드로 돈을 인출해야 하는데, 이게 시중 환율과 엄청 차이가 나서 손해가 이만저만 큰 게 아니었다. 2016년 내전이 터지자 남수단 정부는 은행의 달러 인출을 아예 봉쇄해 버렸다. 달러를 찾으려면 중앙은행의 달러 인출 승인 문서를 가지고 오라고 했다. 금융 시스템이 낙후한 이 나라에서 이런 애로를 해소하기는 사실상 불가능하다. 돈을 찾을 수 없으니 선교사역 자체가 원활하게 이루어질 수가 없다. 다른 나라에서는 거의 없는 이런 재정적인 어려움까지 감당해야 했다.

다음은 수많은 벌레와 해충과의 싸움이다. 모기, 개미, 거미와의 집단 싸움 외에 이름 모를 벌레들의 습격도 대비해야 한다. 말라리아 모기는 너무 흔해서 1년에 한두 번은 반드시 걸릴 각오를 해야 한다. 들에 나가면 잽싸게 달라붙어 벌처럼 쏘는 벌레가 있다. 이 벌레에 쏘이면 심한 통증과 함께 손이 퉁퉁 붓는다.

아침에 일어나면 다리에 진드기나 벌레 물린 자국이 선명하다. 벌레 퇴치제를 발라도 소용없다. 때론 방구석에 커다란 전갈이 슬슬 돌아다녀 깜짝깜짝 놀란다. 이곳 아이들의 다리를 보면 여러 흉터들이 딱지가 되어 붙어 있는 것을 볼 수 있다. 맨발로 돌아다니며 긁힌 자국들, 벌레에 물린 자국들, 그리고 곪은 상처들이 선명하다. 아침에 우리 부부는 서로 벌레에 물린 자국을 보여주며 어젯밤 침략자가 무엇인지 확인을 하곤 한다. 이 같은 총성 없는 전쟁은 현지 생활에 엄청난 스트레스를 가져다준다. 하지만 이 고통은 우리가 그 땅에 사는 한 감당해야 할 몫이다.

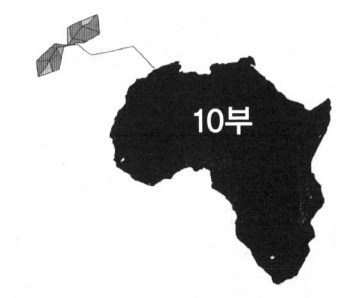

10부

구스는 그 손을 속히 들라

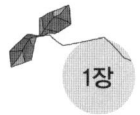

1장

나는
용게자(Yongeza) 선교사

'용게자'(Yongeza)라는 말은 스와힐리어로 동부 아프리카에서는 매우 대중화된 말이다. 이 말의 뜻은 '덤'(additory)이라는 의미이다. 시장에서 과일이나 야채 등을 살 때 '용게자'라고 말하면 사람들은 대부분 웃으며 덤을 조금 더 얹어 준다. 별거 아니지만 받는 사람은 묘하게 기분이 좋다. 시장에서 용게자라고 하면 상인들은 모두 웃는다. '이 외국인도 용게자라는 말을 아는구나…'라는 눈치다.

왜 갑자기 여기서 용게자라는 말이 나올까? 그렇다. 내가 바로 그 용게자 선교사이기 때문이다. 하나님께서는 나를 덤(용게자)으로 이 땅에 보내셨다. 용게자로 주는 과일이나 채소는 정상적인 물건보다 약간 뒤진다. 뒤틀리거나 크기가 작거나 또는 흠이 있어 정품이 되지 못하는 것들이다. 이런 것들이 주로 덤으로 주어진다. 그렇다고 과일의 맛이 없는 건 아니다. 맛은 별 차이가 없다. 모양이 일그러졌을 뿐이다. 나는 흠이 많고, 고집이 세고, 많이 부족한 사람이다. 별로 내세울 게 없는 아주 평범한 사람이다. 그런데 하나님은 이런 나를 쓰시겠다고 부르셨다. 쟁쟁한 선교사들이 사역 중인 이 땅의 선교사로 뒤늦게 부르셨다. 아무리 생각해도 이 직분은 용케자로 주어진 것이다. 이것을 바로 소명(calling)이라고 부르는 것 같다. 좀 못생기고 빛깔이 좀 떨어지면 어떤가? 용케자도 받는 사람을 기쁘게 만드니 그걸로 만족하지 않을까?

복음성가의 가사에 세상에서 방황하다 극적으로 회심을 하고 돌아온 탕자의 노래가 나온다. 나는 그런 탕자는 아닌 것 같다. 세상일을 열심히 하다가 실패하거나 혹은 죽을병에 걸려 두 손 들고 주님 앞에 나온 케이스도 아니다. 나는 그동안 남들이 흔히 말하는 소위 신이 내린 직장이라는 안정된 직장에 잘 다녔고, 교회에서는 마흔 살의 어린 나이에 장로 직분도 맡아 다른 사람들이 볼 때 신앙생활에 관한 한 일단 모범생이었다. 직장 은퇴 후엔 우리 고향에 내려가 설립 100년이 넘은 고향 교회를 섬기며 노후를 보내기 위한 준비를 완료하였고, 인생의 후반부를 재미있게 살아갈 설계도 다 그린 상태였다. 그런데 내가 내 맘대로 결정할 수 없는 게 있었는데 그것은 하나님의 부르심이었다.

이렇게 보니 젊은 나이에 일찌감치 신학 공부를 마치고 선교사 훈련 다 마치고 선교지에 나온 선교사, 여러 가지 많은 학위를 가지고 준비된 그런 선교사는 아니다. 나는 선교사로 나가기 위해 선교단체 훈련, 언어 훈련, 현지 적응 훈련, 뭐 그런 것들을 받은 적이 없다. 그 대신 나는 어려운 경쟁사회에서 치열하게 생존하는 법과 인생철학, 그리고 다양한 과정의 인생 훈련은 미리 다 받았다. 우리 주님은 덜 다듬어진 나를 부르셨다. 오랜 직장생활을 통해 익힌 조직관리, 인력관리, 그리고 토지의 개발, 이용, 건물의 설계, 공간 배치 등에 관한 개발 경험이 이 남수단 땅에 필요했기에, 하나님은 이곳에 덤으로 나를 보내신 것이다.

감사하게도 이 용기자 선교사는 버려진 땅 남수단 선교에 아주 요긴하게 사용되었다. 덕분에 나는 여러 가지 현지 적응 훈련을 생략하게 된다. 언어 훈련 한다며 1-2년 대기할 여유도 없었다. 하나님께서는 이 땅에서 급하게 당장 일할 사람을 뽑으신 것 같았다.

사람들이 아직도 잘 이해하지 못하는 부분이 있는 것 같다. "아니 어떻게, 어쩌다가 당신이 이렇게 아프리카까지 가서 선교사가 되었는가?"라고 하는 질문이다.

나는 모태신앙이다. 어머니는 신앙심이 매우 깊으신 분으로 초등학교 시절부터 나를 데리고 새벽기도에 다니셨다. 나는 초등학교 때 공책이나 연필을 사본 경험이 거의 없다. 교회에서 요절 암송, 출석, 전도상 등으로 받은 것만으로도 충분했기 때문이다. 그런데 어머니가 어느 날 나를 부르시더니, "잠깐 나 좀 보자…. 내가 오늘 너를 하나님께 주의 종으로 바쳤다. 그러니 너는 커서 목사가 되어라"고 말씀하셨다.

1960년대 그 당시엔 부흥회 강사 목사님들이 바칠 것 없으면 자식이라도 주의 종으로 바쳐라 하면서 손을 들고 서원하게 만들었는데 그때 어머니도 손을 들었다는 것이다. 나는 한 치의 망설임도 없이 거절을 했다.

"그럼 어떡하냐? 난 이미 너를 하나님께 바쳤는데…"라고 하셨다.

"그건 엄마 사정이고 나는 몰라요."

그리곤 세월이 많이 흘렀다. 개척교회를 섬기는 집사로 교회생활을 하게 되었다. 참 열심히 일을 했다. 언젠가 인천에서 살 때 교회의 목사님은 성경지식이 매우 뛰어난 분이셨다. 성경을 공부하기 위하여 우리 부부는 주일날 도시락을 싸들고 교회를 갔다. 가난한 교회가 점심을 제공하지 않았기 때문이다. 하루는 목사님께서 내게 이런 말씀을 하셨다.

"신 집사는 나중에 목사가 될 거야. 내가 보니 반드시 목사가 될 사람이야."

"목사님, 전 아닙니다."

"아니야, 내가 예언을 하지. 이건 주님의 음성인데, 두고 봐. 언젠가 목사가 될 거야."

나는 고개를 저으며 부정했지만 사실 속으로는 깜짝 놀랐다. 어릴 때 어머니의 권면이 생각났기 때문이다. 하나님의 소명(calling)은 누구도 거역할 수가 없다.

그 뒤 나는 1999년도부터 중국선교를 위한 중국오지선교회를 조직하여 필리핀, 중국과 미얀마를 다니며 선교 영역을 확대하였다. 그곳에 여러 교회와 성경학교를 세우고 학생들을 가르치는 일을 했다. 지금 돌이켜보니 매우 독특하고 특별한 선교훈련 과정이었다. 그러나 가진 밑천이 바닥이 났다. 뭘 알아야 가르치지…. 그래서 50이 훨씬 넘은 나이에 신학을 공부하였다. 중국선교를 위한 중국어, 그리고 영어공부도 다시 시작했다. 교회의 장로직도 사임하였다. 섬기는 우리 교회에서는 온통 난리가 났다. 왜냐하면 장로직을 사임하기 2년 전에 나는 교회건축위원으로 오래된 예배당 건물을 현재의 아름다운 건물로 다시 리모델링을 하여 준공을 마친 상태였기 때문이다. 이제 교회를 위해 더 봉사하고 교회를 부흥시키는 일에 몰두하기를 기대했기 때문에 많은 사람들로부터 많은 오해도 받았다. 하지만 나는 하나님의 부르심을 외면할 수가 없었다.

감히 비교는 할 수 없지만 아모스 선지자가 떠올랐다. 성경에 보면 드고아에서 양을 치며 뽕나무를 재배하던 아모스 선지자가 하나님의 부르심을 받는다. 당시 호세아 선지자나 이사야 선지자보다 나이가 많은 걸로 나온다. 그런데 이 아모스 선지자가 외친 메시지가 바로 남수단 사람들을 향한 나의 메시지가 되었다. 나는 이곳 남수단 난민촌에서 공의를 상실하고 가난한 자들과 압박받는 자들과 어려움에 처한 자들을 외면하는 남수단의 지도자들을 향한 하나님의 징계와 심판을 가르치며 선포하고 있다. 열심히 예배는 드리지만 종교행위에 만족하는 종교 지도자들을 향해서는 바른 신앙을 가지라고 줄기차게 외치고 있다. 하나님께서는 나의 이런 선교를 기뻐하시고 그래서 나의 기도를 응답하신 것 같다.

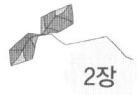

2장

선교연합을 만들다

어느 선교이건 가장 큰 어려움은 선교재원과 후원 조직이다. 나는 우선 남수단 선교에 동참할 동역자들을 발굴하는 작업을 먼저 했다. 그래서 만든 선교회 모임이 바로 남수단 선교연합(Alliance In Mission for South Sudan: AIMS)이라는 선교회이다. 우리나라에서 남수단을 선교지로 삼고 기도한 선교회는 우리가 아마 최초일 것이다. 이 조직은 기존의 중국오지선교회가 모태가 되었다. 나는 귀한 분들을 우리 선교회로 모셨다. 김오용 목사님(동일로교회), 신준식 목사님(열방을섬기는교회), 배정환 목사님(하늘정원교회), 그리고 성지교회의 임창호 장로님, 상계제일교회의 장로님들과 성도들, 그 외 많은 분들이 핵심이 되었다.

당시 ACTS의 정흥호 선교학 교수님(전 총장님)께서는 처음부터 많은 조언과 정보를 아끼지 않으셨다. 횃불트리니티 신학대학원대학교의 선교학과 박형진 교수님은 직접 남수단까지 엔젤팀을 이끌고 오셔서 지도를 해주셨다. 가장 놀라운 것은, 이 그룹들 중 어느 누가 중간에 포기하면, 또 예비된 다른 분들이 나타나 이 사역들을 이어 가곤 하였다. 하나님께서 간섭하시지 않으면 불가능한 일들이 연이어 계속 일어났다.

사실 처음엔 중간에 포기하고 싶을 만큼 무척 힘이 들었다. 그러나 그 과정에서 나는 놀라운 사실을 하나 발견하게 되었다. 하나님께서는 하나님의 나라 확장을 위해 헌신할 사람들을 요소 요소에 남겨 두셨다는 사실이었다. 성경말씀 그대로 '여호와 이레'였다. 생각건대 이분들은 하나님의 법궤를 싣고 울면서 벧세메스로 올라가는 암소처럼(삼상 6:1-16) 말씀을 붙들고 살려는 헌신된 하나님의 백성들이었다. 하나님의 약속대로 기적은 선교현장에서 연이어 나타났다. 나는 오랜 기간 꿈꾸며 기도해 온 내 꿈들이 하나하나 성취되는 놀라운 기적들을 체험하였다. 이런 은혜는 체험해 본 사람만이 아는 독특한 은혜였다. 고린도전서 15장 10절의 사도 바울의 고백처럼 "내가 나 된 것은 하나님의 은혜로 된 것"임을 감히 고백한다.

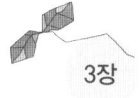

3장

하나님의 선교

우리 모두가 알고 있듯이 선교는 절대적으로 내가 하고 싶다고 되는 것이 아니다. 하나님이 주인이 되신다. 우리 하나님의 계획은 무척 놀랍고 신비하다. 나는 성령님의 감동이 없는 선교는 결코 오래가지 못한다는 것을 알았다. 또한 하나님의 감동이 있는 선교는 선교 필드에서의 모든 활동들이 결국 복음으로 연결이 된다고 믿었다. 나는 처처에서 남수단 선교를 위해 기도하며 간구한 모든 소원들이 기막히게 이루어지는 것을 체험하였다. 이 축복의 원리를 잘 이해하고 나니 하나님의 그다음 계획이 기대되고 궁금해졌다. 이번엔 무슨 일을 또 어떻게 행하실까?

여기에서 문제는, 남수단 선교에는 다른 나라와는 전혀 다른 선교 전략이 적용되어야 했다. 남수단은 이제 막 나라를 세워 가는 초보 걸음마 단계이니, 선교사의 활동도 다시 수십 년 이전으로 거슬러 올라가야 했기 때문이다.

아마 1960년대 당시 우리나라의 생활을 조금이라도 경험한 분들은 지금의 남수단을 대충 이해할 수 있을 것이다. 먹고 사는 것이 최우선 과제였던 그 시절을 기억하는 분들은 알 수 있을 것이다. 우리나라는 아무리 시골이라도 성냥은 있었는데 이곳 남수단 사람들은 성냥 없이도 불을 잘 피운다. 원시방식으로 생존하기 때문이다. 이 땅에는 우리와 전혀 다른 세계관과 가치관을 지니고 있는 사람들이 살고 있다. 그걸 이해하는 데에는 다소의 시간이 걸렸다.

4장

여러 사람에게
여러 모습으로

우리는 사도행전에 나타난 바울의 선교전략을 통해 귀한 것을 배울 수가 있다. 바울의 선교전략 가운데 가장 인상적인 것은 바로 바울 자신이 '여러 사람에게 여러 모습(All things to All people)이 되었다'는 사실이다(고전 9:22). 몇 사람이라도 구원하기 위하여 그 스스로 약한 자들에게 약한 자같이 되었고, 가난한 자들에게는 가난한 자같이 되었다고 고백을 한다.

복음을 듣는 대상과 수준이 각각 다른 남수단 사람들에게 적용되는 매우 적절한 말씀이다. 여러 사람에게 여러 모습으로 나타나야 하는 이유가 이곳에서는 너무 충분하였다. 여러 부족들이 얽혀 살아가는 나라이면서 서로 다른 문화를 공유하는 부족이기 때문이다. 딩가족에겐 딩가족 그들의 수준에 맞춰야 하고, 누에르족에겐 누에르 사람들과 같이 되어야 하고, 마디족에겐 마디족의 방언으로 이야기해야 한다. 그들의 필요를 파악하고 그에 적절한 대안을 제시하는 것이 가장 효율적이다. 그러다 보니 정말 다양한 여러 가지 구체적인 선교방안들이 등장하게 되었다.

남수단은 온 나라에 고아들이 넘쳐나니 우선 고아원 사역을 해야 했고, 전 국민의 60-70퍼센트가 문맹이고 많은 사람들이 글을 읽을 줄 모르니 학교를 세워 이들을 가르치는 교육지원 사역을 해야 했다.

전체 목회자의 약 70-80퍼센트가량이 초등학교를 겨우 나온 또는 아예 그것도 못 마친 사람들이니, 제대로 된 신학교육을 통하여 실력 있는 목회자들을 길러내야 했기에 신학교를 세워야 했다. 그뿐 아니라 난민촌에서 고통받는 사람들을 위한 나눔과 구제사역, 복음 전파를 위한 교회개척 사역, 축구와 스포츠를 지원하는 문화사역 등 여러 사람에게 여러 모습으로 나타나는 바울의 선교전략을 실천해 나가고 있으니 얼마나 감사한 일인가!

그뿐만 아니라 사실 애당초 내가 원한 것은 아니었지만, 적극적으로 난민을 섬기려다 보니 나도 결국 난민이 되어 그들과 같이 난민촌으로 들어갔다. 나는 마을 사람들과 동일한 전쟁을 경험했고, 마을 사람들이 난민이 되어 그 땅을 떠날 때 나도 함께 그 땅을 떠나 나그네가 되었다. 마을 사람들의 집이 파괴될 때 우리 집도 파괴되었다. 언젠가 난민촌 교회에서 이런 내용으로 말씀을 전하니 많은 사람들이 박수를 치며 공감하고, 큰 위안을 얻고 마음으로 감사를 느끼는 것을 알 수 있었다.

5장

구스는 하나님을 향하여 속히 그 손을 들라

"고관들은 애굽에서 나오고 구스인은 하나님을 향하여 그 손을 신속히 들리로다"(Envoys will come from Egypt, Cush will submit herself to God) (시 68:31).

이 말씀은 시편 68편 31절 말씀이다. 이스라엘의 회복을 노래하는 가운데 여기서도 구스인 이야기가 나온다. 원수들이 흩어지고 주를 미워하는 자들이 도망할 그때에 구스가 다시 회복될 것임을 노래한다.

그렇다. 검은 땅 남수단을 향한 우리의 선교열전은 이제 막 시작되었다. 구스인의 노래는 아직 끝나지 않았다. 이제 그 땅에 평화가 오면 다시 누군가 광대한 그 원시의 땅으로 들어가야 한다. 엄청난 오랜 역사와 비밀이 묻힌 그 땅으로 들어가야 한다. 나는 그 생각만 하면 신이 나고 가슴이 벅차오른다. 이태석 신부의 톤즈 이야기 역시 남수단 선교 전체의 이야기는 아니다. 다른 언어와 문화, 전통을 가진 여러 부족들이 구석구석에 흩어져 살고 있기 때문이다. '여러 사람에게 여러 모습으로' 나타난 그 현상이 다르다. 각 부족마다 상황이 다르고, 조건이 다르다. 그래서 남수단 선교는 이제 막 시작 단계이다. 아니, 아직 시작도 하지 않았다. 부족단위의 선교전략을 다시 세워 전략적으로 나아가야 한다. 그러기 위해서는 정말 효과적인 선교전략과 지혜가 필요하다.

2011년 독립 이후 두 차례(2013, 2016년)의 혹독한 내전을 겪은 남수단 사람들은 이제야 진정한 평화와 자유의 소중함을 인지하고 있다. 그동안 독립 분위기에 휩쓸려 덤벙대던 사람들이 비로소 눈을 뜨고 있기 때문이다.

그래서 지금 바로 우리의 남수단 선교는 매우 중요한 기로에 서 있다. 내전은 일부 지역에서 아직도 진행 중이다. 에콰토리아 지역 일부, 종글레이(Jonglei), 피보르(Pobor), 유니티(Unity), 바르엘 가잘 지역 등 각 무장 그룹 간의 폭력적 전투와 복수전 등으로 수십만 명의 사람들이 삶의 터전을 잃었다. 지역들 간의 살인, 강간, 감금, 폭력에 대한 뉴스는 중앙에서는 거의 잡히지도 않는다. 외부인들의 접근이 차단되었기 때문이다. 선교사의 접근도 아직은 어렵다.

이곳 남수단 사람들의 가장 큰 문제는 대부분의 사람들이 UN의 입만 쳐다보는 버릇이다. UN은 먹을 것을 공급해 주고, 입을 옷들을 공급해 주고, 의약품들을 공급해 준다. UN은 길이 없으면 길을 내주고, 물이 없으면 우물을 파주고, 싸움이 나면 해결사로 평화유지군이 나선다. 인도적인 지원? 필요하고 중요하긴 하지만 이런 지원은 긴급상황에 국한되어야 한다. 그런데 남수단의 경우에는 밑도 끝도 없다. 흔히 말하는 대로 밑 빠진 독에 물 붓기 같다. 이게 너무 길면 자립이나 자생력은 전혀 생기지 않는다. 이건 정말 큰 문제이다.

따라서 우리가 다시 남수단의 지역 교회들을 세워야 하고, 지도자들을 세워야 교회가 살아난다. 이 일을 위해 나는 광야 같은 난민촌에서 남수단 사람들을 훈련시키고 있다. 사실 남수단은 아직까지 미개척 선교지이다. 할 일이 너무나도 많다. 이런 일은 UN이 대신할 수가 없다. 어떤 NGO도 대신해 줄 수가 없다. 이 일은 이제 우리 선교사들의 몫이다.

그러면 이제 누가 회복된 그 땅에 다시 올라갈 것인가? 누가 그 땅을 주의 복음으로 덮을 것인가? 이스라엘의 가나안 땅 정복의 이야기를 보면 여호수아가 죽은 후에 이스라엘 자손이 여호와께 묻는다. "누가 먼저 올라가서 가나안 족속과 싸우리이까?"(삿 1:1) 이때 여호와께서 직접 말씀하시기를 "유다가 올라갈지니라"고 하셨다.

창세기 49장에는 야곱이 죽기 전에 자기의 아들들에게 예언한 내용들이 기록되어 있다. 야곱은 그의 아들 유다에게 "유다는 사자 새끼로다. 움킨 것을 찢고 올라갔도다"라고 예언하였다. 유다가 그렇게 나아갈 때 여호와께서는 가나안 족속과 브리스 족속을 넘겨주셨고, 계속 맹렬하게 진격하여 마침내 예루살렘을 점령하게 된다(삿 1:8).

'누가 저 검은 땅에 다시 올라갈 것인가? 누가 먼저 하나님의 음성을 들을 것인가?'

나는 다시 꿈꾸는 자가 되려고 한다. 다시 시작이기 때문이다. 지금 나는 아고조 난민촌 지역 5만 평의 부지에 지역 최초의 기독교 고등학교를 세우고 있다. 교실 10칸, 교무실, 남녀 기숙사, 도서관 등 많은 건물들이 지어지고 있다. 여러 사람들이 어쩌자고 다시 이런 일을 벌이려고 하는가 묻는다. 하지만 나는 주님이 주시는 대로 그저 일할 수밖에 없다. 앞으로 이 미션스쿨에서는 유능한 기독교 인재들을 길러내게 될 것이다. 그리고 이들을 저 땅으로 올려보낼 것이다.

그뿐만 아니라 이제 남수단 그 땅에 다시 평화가 오면 지금까지 우리 신학교에서 가르친 신학생들이 자기 부족에게 돌아가 무너진 마을과 교회들을 다시 세울 것이다. 그때 나는 우리 데레토 30만 평의 선교기지에서 그들과 함께 '점핑댄스'를 추며 즐거워할 것이다.

우리가 양육한 고아원 아이들 역시 그때는 당당하게 그 나라의 주역으로 서게 될 것이다. 그때가 오면 이 '용게자 선교사'에게 부여된 남수단 미션은 끝날 것이다. 그리고 예레미야 선자자의 놀라운 예언이 그 땅에서 다시 이루어질 것이다.

> "여호와께서 이와 같이 말씀하시니라 너희가 가리켜 말하기를 황폐하여 사람도 없고 짐승도 없다 하던 여기 곧 황폐하여 사람도 없고 주민도 없고 짐승도 없던 유다 성읍들과 예루살렘 거리에서 즐거워하는 소리, 기뻐하는 소리, 신랑의 소리, 신부의 소리와 및 만군의 여호와께 감사하라, 여호와는 선하시니 그 인자하심이 영원하다 하는 소리와 여호와의 성전에 감사제를 드리는 자들의 소리가 다시 들리리니 이는 내가 이 땅의 포로를 돌려보내어 지난날처럼 되게 할 것임이라 여호와의 말씀이니라 만군의 여호와께서 이와 같이 말씀하시니라 황폐하여 사람도 없고 짐승도 없던 이곳과 그 모든 성읍에 다시 목자가 살 곳이 있으리니 그의 양 떼를 눕게 할 것이라"(렘 33:10-12).

마지막으로 사랑하는 나의 남수단 선교 동역자, 데레토 내전 당시 전쟁 가운데 갇혀 함께 죽을 고비를 넘겼던 이종호 선교사님께서 지금 폐암 말기의 선고를 받아 2년여 째 투병 중이시다. 전쟁이 그치고 남수단에 평화가 오면 우리 함께 다시 그 땅에 들어가 남수단 선교의 밀알이 되기로 약속한 선교사 한 분이 지금 너무 아파하신다. 하나님은 어떤 계획을 가지고 계시는가? 우리 선교사님이 이 글을 읽고 용기를 내어 일어나기를 기도한다.

남수단 난민선교 이야기
검은 땅, 구스의 노래

1판 1쇄 인쇄 _ 2022년 4월 1일
1판 1쇄 발행 _ 2022년 4월 5일

지은이 _ 신요셉
펴낸이 _ 이형규
펴낸곳 _ 쿰란출판사

주소 _ 서울특별시 종로구 이화장길 6
편집부 _ 745-1007, 745-1301~2, 747-1212, 743-1300
영업부 _ 747-1004, FAX 745-8490
본사평생전화번호 _ 0502-756-1004
홈페이지 _ http://www.qumran.co.kr
E-mail _ qrbooks@daum.net / qrbooks@gmail.com
한글인터넷주소 _ 쿰란, 쿰란출판사
페이스북 _ www.facebook.com/qumranpeople
인스타그램 _ www.instagram.com/qrbooks
등록 _ 제1-670호(1988.2.27)
책임교열 _ 최가영·신영미

ⓒ 신요셉 2022 ISBN 979-11-6143-702-6 03230

책값은 뒤표지에 있습니다.
이 출판물은 저작권법에 의해 보호를 받는 저작물이므로 무단 복제할 수 없습니다.
파본(破本)은 구입처에서 교환해 드립니다.

검은 땅, 구스의 노래

새로 지은 신학교 강의실과 도서관

수업 중인 신학교 학생들

검은 땅, 구스의 노래

테레케가 문다리 부족 전사

남수단 오지 마을 문다리 부족 전사와 함께

보롤리 난민촌
실룩족 교회 예배

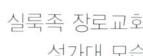

실룩족 장로교회
성가대 모습

보롤리 실룩장로교회

검은 땅, 구스의 노래

모요의 이보아 난민촌 아이들

이보아 난민촌의 이보아 임마누엘교회 아이들

마지 3 난민촌의 힐탑 유치원 아이들

마지 3 난민촌에서의 구호활동

 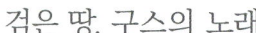

검은 땅, 구스의 노래

남수단 데레토
선교센터 전경
(2015)

전쟁으로 파괴된 데레토 선교센터(2017)

집 마당에서 시작한 남수단 데레토 임마누엘 교회(2015)

나무 아래로 이전한 데레토 교회

 검은 땅, 구스의 노래

설립 초기의 아고조 리틀엔젤스 고아원 아이들(2017. 4)

고아원 여자 기숙사

고아원 아이들과

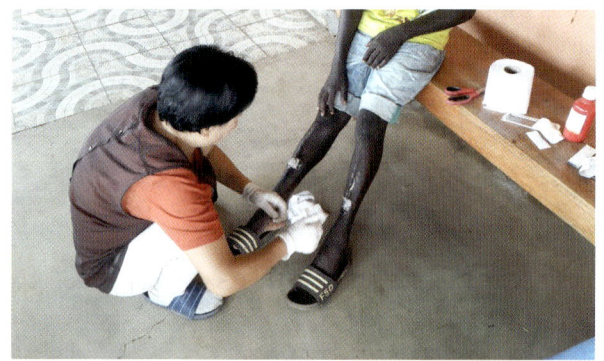

의료 지원 사역:
다리에 난 상처
치료 중

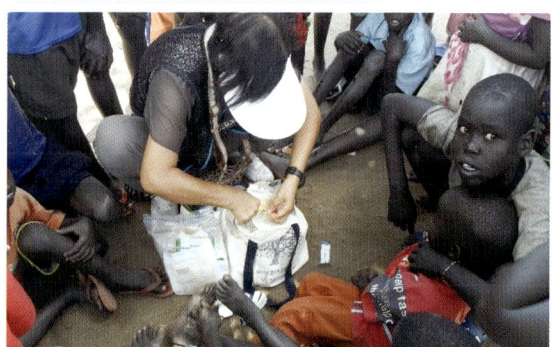

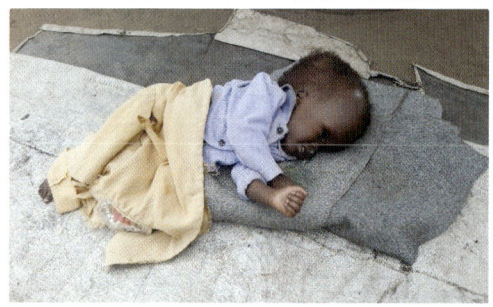

대두증에 걸린 아이

 검은 땅, 구스의 노래

초기의 아고조 교회

비디비디 난민촌 교회

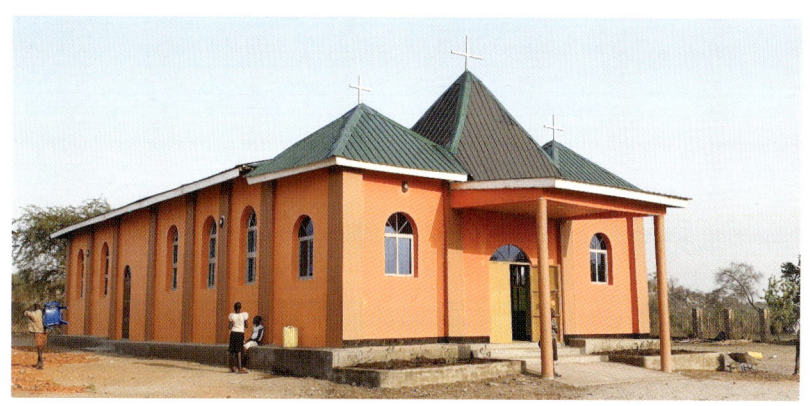

새로 지은 아고조 임
마누엘 교회 전경

 검은 땅, 구스의 노래

바게리냐 난민촌 그레이스 유치원

마지 3 난민촌 아이들

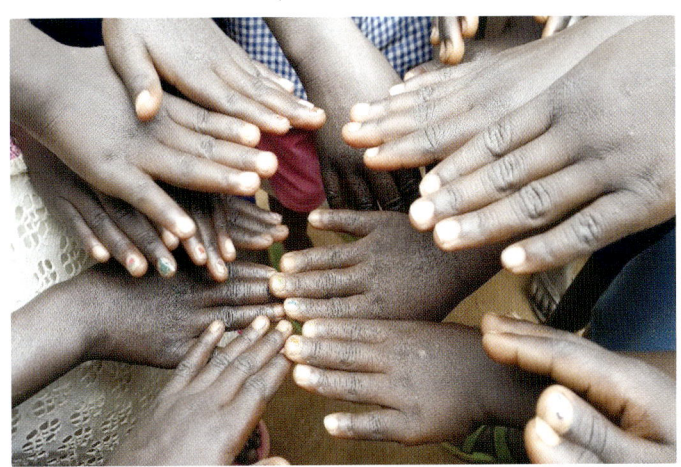
아이들의 거친 손을 모아

 검은 땅, 구스의 노래

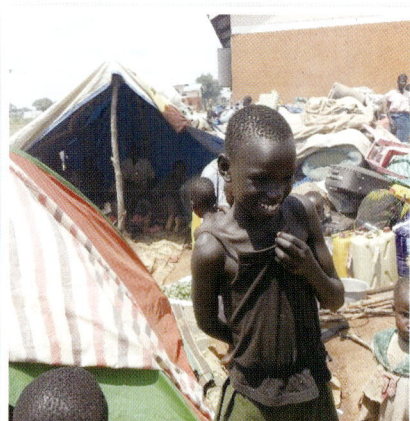

뉴마지 난민 수용소 점심 급식시간의 모습

식사 배급 행렬

난민 아이들의 식사시간

 # 검은 땅, 구스의 노래

남수단 데레토 선교기지:
레인보우 빌리지 입구 간판

난민 수송 중

마지 3 난민촌 구제 행사